So vielfältig die Themen dieser dreizehn Erzählungen sind, so bilden sie doch eine selbstverständliche Einheit. Ob Siegfried Lenz den einsamen Kampf eines vom Glück verlassenen Jägers gegen ein Rudel wütender Moschusochsen schildert oder das zwiespältige Verhalten eines emporgekommenen Geschäftsmanns beschreibt, der seine Kinder abgöttisch liebt, sich aber seines einfachen Vaters schämt, ob der Autor den Schauplatz seiner Geschichten in die afrikanische Steppe, ins Wattenmeer, in die Büroräume einer Fabrik, auf den Sportplatz oder in das Atelier eines Werbephotographen verlegt, stets gelingt es ihm, das Gleichnishafte der Situation deutlich zu machen. Lenz ist »ein scharfer Beobachter unserer Zeit«, er urteilt nicht, sondern registriert. In seiner knappen, herben Sprache fordert er den Leser heraus, sich selbst in Beziehung zu den dargestellten Ereignissen zu bringen.

Siegfried Lenz:
Jäger des Spotts
Geschichten aus dieser Zeit

Deutscher
Taschenbuch
Verlag

Von Siegfried Lenz
sind im Deutschen Taschenbuch Verlag erschienen:
Beziehungen (800)
Brot und Spiele (233)
Das Feuerschiff (336)
Der Mann im Strom (102)
Der Spielverderber (600)
Es waren Habichte in der Luft (542)
Haussuchung (664)
Stadtgespräch (303)

Ungekürzte Ausgabe
1. Auflage Februar 1965
9. Auflage Mai 1972: 121. bis 145. Tausend
Deutscher Taschenbuch Verlag GmbH & Co. KG,
München
© 1958 Hoffmann und Campe Verlag, Hamburg
Umschlaggestaltung: Celestino Piatti
Gesamtherstellung: C. H. Beck'sche Buchdruckerei,
Nördlingen
Printed in Germany · ISBN 3-423-00276-x

Inhalt

Im Süden brannte das Gras. Es brannte schnell und fast rauchlos, es brannte gegen die Berge hin, gegen die Kenia-Berge; das Feuer war unterwegs im Elefantengras, es hatte seinen eigenen Wind, und der Wind schmeckte nach Rauch und Asche. Einmal im Jahr warfen sie Feuer in das Gras, das Feuer lief seinen alten Weg gegen die Berge hin, gegen die Kenia-Berge, und vor den Bergen legte es sich hin, und mit dem Feuer legte sich der Wind hin, und dann kamen die Antilopen zurück und die Schakale, aber das Gras war fort. Einmal im Jahr brannte das Gras, und wenn es verbrannt war, wurde gepflügt, es wurde gegraben und gepflügt, die neue Asche kam zu der alten Asche, und in das Land aus Asche und Stein warfen sie ihren Mais, und der Mais wurde groß und hatte gute Kolben.

Ich bog dem Feuer aus und fuhr in weitem Bogen zum Fluß hinunter, zum Bambuswald, ich fuhr langsam zwischen Dornen und Elefantengras um das Feuer herum, und ich spürte den heißen, böigen Wind auf der Haut und schmeckte den Rauch. Ich wollte am Fluß entlangfahren, am Bambuswald, ich konnte das Feuer überholen, ich konnte, wenn ich es überholt hatte, auf die Grasfläche zurückfahren, es war kein großer Umweg: ich hatte nur noch fünfzehn Meilen zu fahren, ich würde noch vor der Dunkelheit zu Hause sein, ich mußte vorher zu Hause sein.

Aber dann traf ich sie, oder sie trafen mich; ich weiß nicht, ob sie auf mich gewartet hatten; sie lagen am Rande des Flusses, am Rande des Bambuswaldes, mehr als zwanzig Männer, sie flossen aus dem Bambus hervor, lautlos und ernst, zwanzig hagere Männer, und sie trugen kleine Narben auf der Stirn und am Körper, rötliche Stigmen des Hasses, und in den Händen trugen sie ihre Panga-Messer, kurze, schwere Hackmesser, mit denen sie unsere Frauen töten und die Kinder, ihre eigenen Leute und das Vieh. Sie umringten das Auto, sie sahen mich an, sie warteten. Einige standen im Elefantengras, einige vor den Dornen, sie kamen nicht näher heran, obwohl sie sahen, daß ich allein war, sie hielten das Panga-Messer dicht am Oberschenkel und schwiegen, zwanzig hagere

Kikujus, und sie blickten mich sanft und ruhig an, mit herablassendem Mitleid. Ich schaltete den Motor aus und blieb sitzen; in einem Fach lag der Revolver, ich konnte ihn sehen, aber ich wagte nicht, die Hände vom Steuer zu nehmen, sie beobachteten meine Hände, ruhig und scheinbar gleichgültig wachten sie über meine Bewegungen, und ich ließ den Revolver im Fach liegen und hörte, wie in der Ferne das Feuer durch das Elefantengras lief. Dann hob einer sein Messer, hob es und winkte mir schnell, und ich stieg aus; ich stieg langsam aus und ließ den Revolver liegen, und dann sah ich den, der mir gewinkt hatte, und es war Lukas, mein Knecht. Es war Lukas, ein alter, hagerer Kikuju, er trug eine Leinenhose von mir, sauber, aber von den Dornen zerrissen, Lukas, ein stiller, sanftmütiger Mann, Lukas, seit vierzehn Jahren mein Knecht. Ich ging auf ihn zu, ich sagte »Lukas« zu ihm, aber er schwieg und sah über mich hinweg, sah zu den Kenia-Bergen hinüber, zu dem brennenden Gras, er sah über die Rücken der fliehenden Antilopen, er kannte mich nicht. Ich schaute mich um, sah jedem der Männer ins Gesicht, prüfte, erinnerte mich verzweifelt, ob ich nicht einem von ihnen begegnet wäre, einem, der mir zunicken und bestätigen könnte, daß Lukas vor mir stand, Lukas, mein sanftmütiger Knecht seit vierzehn Jahren; aber alle Gesichter waren fremd und wiesen meine Blicke ab, fremde, ferne Gesichter, glänzend von der Schwüle des Bambus.

Sie öffneten den Kreis, zwei Männer traten zur Seite, und ich ging an ihnen vorbei, ging in die Dornen hinein; die Dornen rissen mein Hemd auf, sie rissen die faltige, gelbliche Haut auf, es waren harte, trockene Dornen, sie griffen nach mir, hakten sich fest, brachen, über der Brust hing das Hemd in Fetzen. Wir haben eine Bezeichnung für Dornen, wir nennen sie ›Wart ein bißchen‹. Ich hörte, wie sie das Auto umwarfen, sie ließen es liegen und folgten mir, sie zündeten das Auto nicht an; sie ließen es liegen, und das genügte, es genügte in diesem Land des schweren Schlafes und des Verfalls, niemand würde das Auto je wieder auf die Räder setzen, vielleicht würde es jemand in den Fluß stürzen, vielleicht, ich würde es nie mehr benutzen.

Sie folgten mir alle, mehr als zwanzig Männer gingen hinter mir her; wir gingen durch die Dornen, als ob wir ein gemeinsames Ziel hätten, sie und ich.

Lukas ging hinter mir her, ich hörte, wie sein Messer gegen die Dornen fiel, es waren Dornen, die von meinem Körper nach vorn gebogen wurden und dann zurückschnellten. Manchmal blieb ich stehen, um Lukas auflaufen zu lassen, ich hatte es noch nicht aufgegeben, mit ihm zu sprechen, aber er merkte jedesmal meine Absicht und verzögerte seine Schritte, und wenn ich mich umschaute, sah er nach hinten oder über mich hinweg. Ich folgte ihnen bis zum Fluß, ich folgte ihnen, obwohl ich vorausging, und vor dem Fluß blieb ich stehen, vor dem flachen, trägen Fluß, den ich zweimal durchwatet hatte, zweimal bis zur Hüfte im Schlamm, im Krieg einmal, und einmal, als der Missionar verunglückte; es war schon lange her, aber ich hatte das Gefühl nicht vergessen. Ich blieb vor dem Fluß stehen, und sie kamen heran und umstellten mich, mehr als zwanzig Männer mit schweren Panga-Messern, fremde, starre Gesichter, gezeichnet von den kleinen Narben des Hasses. Schwarze Flußenten ruderten hastig ans andere Ufer, ruderten fort und sahen herüber, und ich stand im Kreis, den der Fluß vollendete, stand im Zentrum ihres stummen Hasses. Sie setzten sich auf die Erde, sie hielten das Messer im Schoß, sie schwiegen, und ihr Schweigen war alt wie das Schweigen dieses Landes, ich kannte es, ich hatte es seit sechsundvierzig Jahren ausgehalten: als wir aus England gekommen waren, hatte uns dieses Land mit Schweigen empfangen, es hatte geschwiegen, als wir Häuser bauten und den Boden absteckten, es hatte geschwiegen, als wir säten und als wir ernteten, es hatte zu allem geschwiegen. Wir hätten wissen müssen, daß es einmal sprechen würde.

Eine Schlange schwamm über den Fluß, sie kam aus dem Bambus, sie hielt den Kopf starr aus dem Wasser, es war eine kleine Schlange mit abgeplattetem Kopf, sie verschwand in der Uferböschung, und ich merkte mir die Stelle, wo sie verschwunden war. Ich wandte den Kopf und sah in die Gesichter der Männer, ich wollte herausfinden, ob sie auch die Schlange beobachtet hatten, ich wollte mich anbiedern, denn ich fürchtete mich vor dem Augenblick, da sie zu reden begännen, ich war an ihr Schweigen gewöhnt, darum hatte ich Angst vor ihrer Sprache. Aber sie schwiegen und sahen vor sich hin, sie taten, als sei ich ihr Wächter, als hätten sie sich mir schweigend unterworfen; sie schwiegen, als hinge ihr Leben von meinem ab, und sie ließen mich in ihrer Mitte, bis es dunkel wurde. Ich hatte auch versucht, mich auf die Erde zu setzen, das Hemd klebte an meinem Rücken, die Knie zitterten, die Schwüle, die aus dem Bambus herüberkam, hatte mich schlapp gemacht, aber kaum hatte ich mich gesetzt, da machte Lukas eine kurze, gleichgültige Bewegung mit seinem Messer, er hob die Spitze nur ein wenig hoch, und ich wußte, daß ich zu stehen hätte. Ich war überzeugt, daß sie mich töten würden, und ich sah sie einzeln an, lange und gründlich, auch Lukas, meinen sanftmütigen Knecht seit vierzehn Jahren, ich sah sie an und versuchte, meinen Mörder herauszufinden.

Als es dunkel geworden war, erhoben sich einige Männer und verschwanden, aber sie kamen bald zurück und waren mit trockenem Dornengestrüpp beladen. Sie warfen das Gestrüpp auf einen Haufen und zündeten in der Mitte des Kreises ein kleines Feuer an, und einer von ihnen blieb am Feuer sitzen und bediente es.

Ich erinnerte mich der Zeit, die ich mit Lukas verlebt hatte, er war erst vor zwei Tagen verschwunden; ich dachte an seinen schweigenden Stolz und an seine Neigung, das Leben zu komplizieren. Ich blickte auf die Männer und dachte an ihre rituellen Hinrichtungen, und mir fiel ein, daß sie einst ihre Diebe mit trockenen Blättern umwickelt und angezündet hatten. Ich hatte viel gehört in diesen sechsundvierzig Jahren, von ihrer Phantasie, von Opferzeremonien und ihrer arglosen Grausamkeit: ein Kikuju hat mehr Phantasie als alle Weißen in Kenia, aber seine Phantasie ist grausam. Wir haben versucht, sie von ihrer natürlichen Grausamkeit abzubringen, aber dadurch haben wir sie ärmer gemacht. Wir haben versucht, ihre geheimen Stammeseide, Orgien und Beschwörungsformeln zu entwerten, dadurch ist ihr Leben langweilig und leer geworden. Sie wollen nicht nur das Land zurückhaben, sie wollen ihre Magie zurückhaben, ihre Kulte, ihre natürliche Grausamkeit. Ich brauchte nur in ihre Gesichter zu sehen, um das zu verstehen; in ihren Gesichtern lag der Durst nach ihrem Land und das Heimweh nach ihrer alten Seele, in allen Gesichtern, über die der schwarze Schein des Feuers lief. Ich überlegte, ob ich fliehen sollte, ich hatte an dieser Stelle des Flusses keine Krokodile gesehen; vielleicht hatten sie aber auch nur im Ufergras gelegen, auf der anderen Seite, im Bambus, und vielleicht waren sie mit der Dunkelheit ins Wasser geglitten. Ich könnte unter Wasser schwimmen, ich war ein guter Schwimmer, trotz meines Alters, und so schnell entschließen sich die Krokodile nicht zum Angriff, vielleicht könnte ich es schaffen.

Aber die Männer, die einen Kreis um mich geschlagen hatten, würden nicht zusehen, würden nicht mehr schweigend am Boden hocken und zusehen, wie ich floh. Ich prüfte erschrocken ihre Gesichter, ich fürchtete, daß sie meine Gedanken erraten hatten, aber ihre Gesichter waren fremd und reglos, auch das von Lukas, meinem sanftmütigen Knecht. Vielleicht hofften sie, daß ich floh, vielleicht warteten sie nur darauf, daß ich mich in den Fluß warf – ihre Gesichter schienen darauf zu warten.

Lukas stand auf und ging ans Feuer; er hockte sich hin, er sah in die Glut, seine Arme ruhten auf den Knien, ein alter, hagerer Kikuju, versunken in Erinnerung. Ich hätte mich auf ihn stürzen können, er hockte dicht vor meinen Füßen, versunken und unbekümmert. Ich hätte nichts erreicht, wenn ich mich auf ihn geworfen hätte, sein Messer lag vor ihm, mit der Spitze im Feuer, wenige Zentimeter unter den großen, hageren Händen. Es sah aus, als ob Lukas träumte. Dann kamen aus den Dornen zwei Männer, die ich noch nicht gesehen hatte, sie wurden in den Kreis gelassen, zwei barfüßige Männer in Baumwollhemden, sie schienen in der Stadt gelebt zu haben, in Nairobi oder Nyeri. Sie hockten sich hinter Lukas auf die Erde, und alle Augen waren auf sie gerichtet; sie hatten eingerollte Bananenblätter mitgebracht, jeder zwei große Blätter, und sie schoben die Blätter nahe an Lukas heran und warteten. Es waren kräftige, gutgenährte Männer, sie hatten Fleisch auf den Rippen, sie sahen nicht aus wie Lukas und seinesgleichen, die hager waren, schmalbrüstig, mit dünnen, baumelnden Armen; sie hatten auch andere Gesichter, sie hatten nicht den fremden, gleichgültigen Blick, den Blick unaufhebbarer Ferne, ihre Gesichter waren gutmütig, der Blick war schnell und prüfend, er verriet, daß sie in der Stadt gelebt hatten. Während sie in den Kreis traten, hatte ich das gesehen. Ich hatte auch gesehen, wie sie sich änderten, als sie Lukas vor dem Feuer erblickten: ihre Gesichter verwandelten sich, sie schienen an ein fernes Leid erinnert zu werden, und die Ferne machte sie fremd und abwesend.

Lukas nahm das Messer aus dem Feuer, er konnte nicht

gesehen haben, daß die beiden Männer gekommen waren, aber er mußte gewußt haben, daß sie hinter ihm hockten, er drehte sich auf den Fußballen zu ihnen um, ich hörte bei der Drehung das Gras unter seinen Füßen knirschen, es war der einzige Laut, den er bisher verursacht hatte. Lukas nickte einem der Männer zu, und der Mann, dem das Nicken gegolten hatte, zog sein Baumwollhemd aus und warf es hinter sich, und dann ging er nahe an Lukas heran und hockte sich vor ihm hin, schnell, fast lüstern. Und Lukas hob das Messer und drückte es in sein Schulterblatt, es zischte, als das heiße Eisen das Fleisch berührte, und der Oberkörper des Mannes bäumte sich einmal auf, der Kopf flog nach hinten. Ich sah die zusammengepreßten Zähne, das verzerrte Gesicht; die Augen waren geschlossen, die Lippen herabgezogen. Er stöhnte nicht, und Lukas, sanftmütiger Knecht seit vierzehn Jahren, setzte das Messer an eine andere Stelle, siebenmal, er setzte das Messer gegen die Schulter, gegen die Brust und gegen die Stirn. Als er den zweiten Schnitt empfing, zitterte der Mann, dann hatte er den Schmerz überwunden. Nach der zweiten Wunde sah er dem Messer ruhig entgegen, er bog dem Messer die Schulter heran, er dehnte ihm seine Brust entgegen, es konnte ihm nicht schnell genug gehen, die kleinen Schnitte zu empfangen, unwiderrufliche Zeichen der Verschwörung, Stigmen des Hasses. Dann hatte er die Male erhalten, und Lukas wies ihn zurück, er kroch auf seinen Platz und hockte sich hin, und Lukas legte das Messer ins Feuer und nickte nach einer Weile dem zweiten Mann zu; der zweite Mann zog sein Baumwollhemd aus, das Messer senkte sich in seine Schulter, es zischte, es roch nach verbranntem Fleisch, und auch er wurde nach dem zweiten Mal stumpf und ruhig, auch er empfing sieben Schnitte und kroch zurück. Ich hörte fernen Donner und sah zum Horizont, sah auf, als ob im Donner Rettung für mich läge, der Donner wiederholte sich nicht, ich sah nur das Feuer im Gras, das gegen die Berge lief. Der Mond kam hervor, sein Bild zerlief auf dem trägen Wasser des Flusses, der Fluß gluckste am anderen Ufer, es drang bis zu uns herüber. Im Bambus war es still.

Ich sah, wie Lukas die Bananenblätter zu sich heranzog, er rollte sie vorsichtig auseinander, und ich bemerkte in einem eine Blechdose. Er stellte die Blechdose ans Feuer, sie war gefüllt, sie enthielt eine Flüssigkeit, dunkel und sämig, Lukas goß etwas von der Flüssigkeit ab und griff in das andere Blatt, ich erkannte, daß es Eingeweide waren, Eingeweide eines Tieres, eines Schafes vielleicht, er nahm sie in die Hand und zerkleinerte sie und warf einzelne Stücke in die Blechdose, und dann schüttete er Körner und Mehl in die Blechdose und begann leise zu singen. Während Lukas sang – ich hatte ihn nie singen hören in vierzehn Jahren –, rührte er einen Teig an, ich beobachtete, wie er den Teig klopfte und knetete, er bearbeitete ihn unter leisem Gesang, einen griesigen Teig, den Lukas schließlich in beide Hände nahm und zu einer großen Kugel formte. Dann kniff er aus der Kugel ein kleines Stück heraus, begann es zwischen den Handflächen zu rollen, er rollte eine kleine Kugel daraus; der Teig war feucht, und ich hörte, wie er zwischen seinen Händen quatschte. Lukas rollte vierzehn kleine Kugeln, zweimal sieben feuchte Teigbälle, er legte sie in zwei Reihen vor sich hin, eine neben die andere, und als er fertig war, nickte Lukas einem der Männer zu, die vor ihm hockten, und der Gerufene kam zu ihm, kniete sich hin, schloß die Augen und schob seinen Kopf weit nach vorn. Der Gerufene öffnete den Mund, und Lukas nahm eine der feuchten Teigkugeln und schob sie ihm zwischen die Zähne; das Gesicht des Gefütterten glänzte, er schluckte, ich sah, wie die Kugel den Hals hinabfuhr, er schluckte mehrmals, sein Kopf bewegte sich vor und zurück, vor und zurück, dann hielt er still, die Lippen sprangen auf, schoben sich in sanfter Gier dem nächsten Teigbatzen entgegen, und Lukas schob ihm die neue Kugel in den Mund. Lukas, Zauberer und sanftmütiger Knecht, fütterte ihn mit dem Teig des Hasses, fütterte ihn siebenmal und wies ihn zurück, als er die Zahl erfüllt hatte, und nach einer Weile nickte Lukas dem zweiten Mann zu, und der zweite Mann kam und öffnete den Mund, würgte die Kugeln hinunter, würgte mit den Kugeln einen Schwur hinunter, und sein Gesicht glänzte. Auch er aß siebenmal den Teig des Hasses und wurde zurückgeschickt, er ging aufrecht zurück, nahm sein Baumwollhemd, streifte es über und fügte sich in den Kreis ein, den sie um mich geschlagen hatten. Ich erinnere mich, daß Sieben ihre Zahl ist, heilige Zahl der Kikujus, ich hatte es oft gehört in sechsundvierzig Jahren, jetzt hatte ich es gesehen – warum hatten sie es mich sehen lassen, warum duldeten sie, daß ich dabeistand, meine Zahl war eine andere, ich war der, dem die Wunden galten, die frischen Male auf den Körpern der Männer, ich war das Ziel ihres Hasses, warum töteten sie mich nicht? Warum zögerten sie, warum zögerte Lukas, das schwere Panga-Messer gegen mich zu heben, warum ließen sie mich nicht den Tod sterben, den sie so viele hatten sterben lassen: hatten sie einen besonderen Tod für mich, hatte Lukas, der Sanftmütige, sich einen besonderen Tod für mich ausgedacht in den vierzehn Jahren, da er mein Knecht war?

Wir hatten wenig gesprochen in diesen vierzehn Jahren, Lukas hatte allezeit schweigend und gut gearbeitet, ich hatte ihn sogar eingeladen, mit uns zu essen; manchmal, wenn ich ihn aus der Ferne beobachtet hatte bei der Arbeit, ging ich zu ihm und lud ihn ein, aber er kam nie, er fand immer einfache Entschuldigungen, mit höflicher Trauer lehnte er meine Angebote ab, niemand hat besser für mich gearbeitet als Lukas, mein wunderbarer Knecht. Welchen Tod hatte er sich für mich ausgedacht?

Lukas erhob sich und ging an mir vorbei zum Fluß, er ging langsam am Ufer auf und ab, beobachtete, lauschte, er legte sich flach auf den Boden und sah über das Wasser, er nahm einen Stein, warf ihn in die Mitte des trägen Flusses und beobachtete die Stelle des Einschlags und wartete. Dann kam er zurück, und jetzt kam er zu mir. Er blieb vor mir stehen, aber sein Blick ging an mir vorbei, erreichte mich nicht, obwohl er auf mich gerichtet war; er stand vor mir, das Messer in der Hand, und begann zu sprechen. Ich erkannte sofort seine Stimme wieder, seine leise, milde Stimme, er forderte mich auf, zu gehen, er sprach zu mir, als ob er mich um etwas bäte; ich solle gehen, bat er, nun sei es Zeit. Er wies mit der Hand über den Fluß und über den Bambus in die Richtung, in der meine Farm lag, dorthin solle ich gehen, bat er, wo Fanny wohne, das war meine Frau, und Sheila, das war meine Tochter. Lukas bat mich, zu ihnen zu gehen, sie würden mich brauchen, sagte er, morgen, bei Sonnenuntergang, würden sie mich nötig haben, ich solle nicht mehr warten. Ich solle Fanny und Sheila vorbereiten, denn morgen, sagte er, würde die Farm brennen, das große Feuer würde kommen, und ich dürfte dann nicht weit sein. Er wollte sich umwenden, er hatte genug gesagt, aber ich ließ ihn noch nicht gehen, ich zeigte mit ausgestreckter Hand auf den schwarzen Fluß, und er las aus diesem Zeichen meine Frage und gab mir zu verstehen, daß keine Krokodile in der Nähe seien, er habe das Wasser beobachtet, ich könne nun gehen, der Weg sei frei.

Ich blickte den Kreis der Gesichter entlang, fremde, steinerne Gesichter, über die der schwache Schein des Feuers lief. Lukas ging zurück und fügte sich ebenfalls dem Kreis ein, er hockte sich hin, und ich stand allein in der Mitte und schaute zum Bambuswald hinüber, spürte die Schwüle, die heranwehte, spürte Verfall und Geheimnis, und ich setzte einen Fuß in das Wasser und ging. Ich ging langsam zur Mitte des Flusses, meine Füße sanken in den weichen Schlamm ein, das Wasser staute sich an meinem Körper, an der Hüfte, an der Brust, schwarzes, lauwarmes Wasser; es führte totes Bambusrohr heran und Äste, und wenn mich ein Ast berührte, erschrak ich und blieb stehen. Ich sah nicht ein einziges Mal zurück. Ich überlegte, warum sie mich hatten gehen lassen, es mußte etwas auf sich haben, daß sie mich nicht getötet hatten.

Welch ein Urteil verbarg sich dahinter, daß sie mich nach Hause schickten? Ich wußte es nicht, ich kam nicht darauf, obwohl ich viele ihrer Listen kannte, ihre sanfte, grausame Schlauheit – warum hatten sie mich gehen lassen? Mein Fuß berührte einen harten Gegenstand, der auf dem Grund lag, ich zuckte zurück, ich hätte geschrien, wenn sie nicht am Ufer gewesen wären, ich warf mich sofort auf das Waser, schwimmend kam ich schneller vorwärts als watend, und ich schwamm mit verzweifelten Stößen zur Mitte. Es mußte ein versunkener Baumstamm gewesen sein, den ich berührt hatte, das Wasser blieb ruhig, keine Bewegung entstand im Fluß, ich watete langsam weiter, mit beiden Händen rudernd – lange, tastende Schritte durch den weichen Schlamm: zum drittenmal durchquerte ich den Fluß.

Welch eine List lag in meinem Freispruch, warum hatten sie mich gehen lassen, warum hatte Lukas mich nach Hause geschickt? Lukas hatte mir den kürzesten Weg gezeigt, und der Weg führte durch den Fluß und durch den Bambuswald. Ich wußte, daß hinter dem Bambuswald die Grasfläche begann, Grasfläche der Mühsal, ich erinnerte mich, daß ich dann an Maisfeldern vorbeizugehen hätte und an einer Farm, ich würde es schaffen, dachte ich, ich würde die fünfzehn Meilen bis zum nächsten Abend hinter mich bringen, vielleicht würde mich McCormick das letzte Stück in seinem Wagen mitnehmen, ihm gehörte die Farm.

Der Bambus stand dicht, ich konnte kaum vorwärtskommen, ich mußte mich zwischen den einzelnen Rohren hindurchzwängen, es war hoffnungslos. Auch der Boden war gefährlich, Laub und Astwerk bedeckten ihn bis zu den Bambusstauden, ich konnte nicht erkennen, wohin ich trat. Immer wieder sackte ich ein, sackte bis zur Hüfte ein und stürzte vornüber, es ging nicht. Ich blieb stehen und sah zurück; die Männer waren verschwunden, das Feuer brannte nicht mehr, ich war allein. Ich war allein in der Schwüle des Bambus. Ich fühlte die nasse Kleidung auf der Haut, meine Knie zitterten. Ich fühlte mich beobachtet, von allen Seiten fühlte ich Augen auf mich gerichtet, gleichgültige, abwartende, bewegungslose Blicke. Ich hatte keine Waffen bei mir, ich durfte nicht weiter.

Es war still, nur zuweilen wurde die Stille unterbrochen, ein Vogel rief in die Finsternis, ein Tier klagte über den gestörten Schlaf; ich durfte nicht weiter, ich wußte, daß ich nachts, nachts und ohne Waffen, nicht durch den Bambuswald kommen würde, der Leopard würde es verhindern, der Leopard oder ein anderer, ich mußte zum Fluß zurück und entweder auf den nächsten Morgen warten oder mich dicht am Wasser bewegen. Ohne Waffen und ohne Feuer war die Nacht gefährlich, ich spürte es, die Nacht war ein wenig zu still, ein wenig zu sanft, das war nicht gut, und ich kämpfte mich durch Bambusstauden und Schlingpflanzen wieder zum Fluß zurück. Ich wollte die Nacht ausnutzen und den Fluß hinaufgehen, dabei konnte ich bestenfalls zwei Meilen gewinnen, zwei mühselige Meilen bis zum Morgen, aber ich beschloß, diesen Weg zu nehmen. Ich wollte zu Hause sein, bevor Lukas das große Feuer zur Farm trug, ich mußte das Mädchen warnen und Fanny, meine Frau.

Ich ging abermals in den Fluß, das Wasser reichte mir bis zu den Waden, dann watete ich, jedes Geräusch vermeidend, flußaufwärts; ich kam wider Erwarten gut voran. Der Mond lag auf dem Wasser, wenn der Mond nicht gewesen wäre, wäre ich nicht gegangen. Der Schlamm wurde fester; je weiter ich den Fluß hinaufging, desto härter und sicherer wurde der Grund, ich stieß gegen kleine Steine, die im Wasser lagen, die Büsche hingen nicht mehr so weit über den Fluß, alles schien gut zu gehen. Manchmal sah ich ein Augenpaar zwischen den Büschen, grün und starr, und unwillkürlich strebte ich der Mitte des Flusses zu, ich hatte Angst, aber ich mußte diese Angst unterdrücken, wenn ich die Farm zeitig erreichen wollte. Manchmal folgten mir auch die Augen am Ufer, kalt und ruhig begleiteten sie mich flußaufwärts, ich erkannte keinen Kopf, keinen Körper, aber die Augen schienen über dem Bambus zu schweben, schwebten durch Bambus und Schlinggewächs, und ich wußte, daß diese Nacht auf der Lauer lag, daß sie den Fremden verfolgte und daß sie ihm seinen Argwohn nehmen wollte durch ihr Schweigen, durch ihren Duft. Ich sah leuchtende Blumen am Ufer, ihre Schönheit brannte sich zu Tode, ich sah sie mitunter mannshoch in der Dunkelheit brennen, auf einem Baum oder mitten in einem Strauch, flammende Todesblumen, unter denen der Leopard wartete.

Welche List lag in meinem Freispruch, warum hatten sie mich gehen lassen, mich, dessentwegen sie sich die Zeichen des Zorns eingebrannt hatten? Waren sie ihrer Sache so sicher?

Ich kam gut voran, ich konnte, wenn es so weiterging, sogar drei Meilen schaffen in dieser Nacht, ich würde früher bei Fanny und dem Mädchen sein, als sie gedacht hatten. Ich dachte an Fanny, sah sie auf der Holzveranda sitzen und in die Dunkelheit horchen, den alten Armeerevolver auf der Brüstung; zu dieser Zeit hätte ich schon lange bei ihnen sein müssen, vielleicht hatte sie über die Entfernung gespürt, daß mir etwas zugestoßen war. Sie hatte einen guten Instinkt, ihr Instinkt hatte sich geschärft, je mehr wir beide zu Einzelgängern geworden waren; dieses Land des Schlafes und des Verfalls hatte uns gezeigt, daß der Mensch von Natur aus ein Einzelgänger ist, ein verlorener, einsamer Jäger auf der Fährte zu sich selbst, und wir sind bald unsere eigenen Wege gegangen, bald, nachdem wir Sheila hatten. Wir glaubten manchmal beide, daß wir ohne den anderen auskommen könnten, wir arbeiteten schweigend und allein, jeder an seinem Teil, wir gingen uns aus dem Weg, sobald das Leben uns einem gemeinsamen Punkt zuführen wollte. Fanny und ich, wir gingen zwar in eine Richtung, unser Ziel und unser Leid war dasselbe, aber wir gingen in weitem Abstand auf dieses Ziel zu. Wir hatten uns alles gesagt, wir hatten uns ohne Rest einander anvertraut, und so kam die Zeit, da wir uns schweigend verstanden, da wir oft ganze Tage nicht miteinander sprachen und die Dinge trotzdem einen guten Verlauf nahmen. Ich hatte sie oft heimlich beobachtet, wenn sie durch den Mais ging oder die Schlucht hinunterkletterte zum Fluß, ich hatte sie beobachtet und bemerkt, daß ihre Bewegungen anders geworden waren, anders als in der ersten Zeit. Sie bewegte sich weicher und tierhafter, ihre Bewegungen flossen ganz aus, sie fühlte sich sicher.

Der Fluß wurde flacher, einige Steine ragten über die Oberfläche hinaus, und ich sprang, wenn es möglich war, von Stein zu Stein und brauchte kaum noch ins Wasser. Das Wasser war kälter geworden, die Luft war kälter geworden, ich begann zu frieren. Ich blieb auf einem Stein stehen und massierte meinen Leib und die Beine, das Hemd war über der Brust zerrissen, die Fetzen hingen mir, wenn ich mich bückte, ins Gesicht, sie rochen süßlich und dumpf. Ich bedeckte mit den Fetzen sorgsam meine Haut, ich versuchte, das Hemd in die Länge zu ziehen und unter den Gürtel zu schieben, denn ich begann immer stärker zu frieren, und ich sehnte mich zurück nach dem warmen Schlamm, nach der Flußstelle, wo sie mich aus ihrem Kreis entlassen hatten. Ich trank etwas von dem bitteren Wasser und wollte weitergehen, da sah ich ihn: er stand dicht am Ufer, an einer kleinen Bucht des Flusses, nur wenige Meter von mir entfernt. Um ihn herum waren die Bambussträucher niedergetreten, so daß ich ihn in seiner vollen Größe sehen konnte, er hatte mich offenbar auch gerade entdeckt. Er hatte den Rüssel eingerollt und stand regungslos vor mir, ich sah den matten Glanz seiner Stoßzähne, die kleinen blanken Augen und seine langsam fächelnden Ohren, es war ein großer Elefant. Er stand und blickte zu mir herüber, und ich war so betroffen von seinem Anblick, daß ich an keine Flucht dachte, ich rührte mich nicht und betrachtete das große, einsame Tier, und ich empfand plötzlich die wunderbare Nähe der Wildnis. Nach einer Weile wandte er den Kopf, entrollte den Rüssel und trank, ich hörte ein saugendes Geräusch, hörte, wie der Rüssel ein paar kleine Steine zur Seite schob, sie klirrten gegeneinander, und dann drehte er sich unerwartet um und verschwand im Bambus. Ich hörte ihn durch das Holz brechen, und plötzlich, als ob er stehengeblieben wäre, war es wieder still.

Langsam setzte ich meinen Weg fort, ich hatte ein Bambusrohr im Wasser gefunden und benutzte es als Stütze, wenn ich von Stein zu Stein sprang, das Rohr war mit einem einzigen schrägen Hieb durchschlagen worden, es besaß eine Spitze, ich konnte es notfalls als Waffe verwenden.

Ich dachte an Lukas, meinen sanftmütigen Knecht seit vierzehn Jahren, ich stellte mir vor, daß er jetzt an einem anderen Feuer saß, daß andere Männer vor ihm hockten und den Teig des Hasses hinunterwürgten, den er, zu Kugeln gerollt, in ihren Mund schob; ich glaubte zu sehen, wie ihre Schultern sich verlangend seinem schweren Panga-Messer entgegenreckten, wie ihre Gesichter glänzten vor Schwüle und Begierde, die Male zu empfangen. Ich stellte mir vor, daß Lukas durch das ganze Land ging, und ich sah, daß überall, wo sein Fuß das Gras niedertrat, Feuer aufsprang, das Feuer folgte ihm unaufhörlich, änderte mit ihm die Richtung, legte sich hin, wenn er es befahl – Lukas, Herr über das Feuer. Ich dachte an den Tag, als ich ihn zum ersten Male sah: er war, wie die anderen seines Stammes, nach Norden geflohen, die Rinderpest hatte ihre Herden fast völlig vernichtet, und sie hatten mit ihrem letzten Vieh im Norden Schutz gesucht. Und während sie im Norden waren, kamen wir und nahmen ihr Land, wir wußten nicht, wann sie zurückkehren würden, ob sie überhaupt jemals zurückkehren würden, wir nahmen uns das brachliegende Land und begannen zu säen.

Aber nachdem wir gesät und auch schon geerntet hatten, kamen sie aus dem Norden zurück, ich sah ihren schweigenden Zug das lange Tal heraufkommen, vorn ihre Frauen, dann das Vieh, und hinter dem Vieh die Männer. Wir sagten ihnen, daß sie das Land durch ihre Abwesenheit verloren hätten, und sie schwiegen; wir boten ihnen Geld, sie nahmen das Geld, verbargen es gleichmütig in ihrer Kleidung und schwiegen, sie schwiegen, weil sie sich als Besitzer dieses Landes fühlten, denn für einen Kikuju wird der Verkauf eines Landes erst dann rechtmäßig, wenn er unter religiösen Weihen vollzogen worden ist. Es hatte keine Bedeutung, daß wir ihnen Geld gaben, wir hatten den Boden ohne religiöse Weihen abgesteckt, darum konnte er uns niemals gehören. Ich erinnerte mich, wie mit einem dieser Züge auch Lukas das lange Tal heraufkam, er ging am Ende des Zuges, er fiel mir gleich auf. Sein altes, sanftes Gesicht fiel mir auf, ein Gesicht, das nie eine Jugend gehabt zu haben schien, und dieses Gesicht blieb ruhig, als ich sagte, daß ich dieses Land nicht mehr aufgeben würde. Es war Lukas' Land, das ich mir genommen hatte.

Er schwieg, als er das erfuhr, und als sich der Zug in Bewegung setzte, weiterging auf seiner stummen Suche nach dem verlorenen Land, da ging auch Lukas mit, und ich sah ihn sanftmütig über die Grasebene schreiten und brachte es nicht übers Herz, ihn gehen zu lassen. Ich rief Lukas zurück und fragte ihn, ob er bei mir bleiben wolle, ich fragte ihn, ob er bereit sei, mit mir zusammen das Land zu bearbeiten, und er nickte schweigend und ging auf so natürliche Weise seiner Arbeit nach, daß es den Anschein hatte, er habe sie nur kurzfristig liegenlassen und sei nun zurückgekommen, um sie zu vollenden.

Er arbeitete wortlos und geduldig, ich hatte ihm nie viel zu sagen. Ich versuchte, ihm mancherlei beizubringen, ich gab mir Mühe, ihm die Arbeit zu erleichtern, er hörte höflich zu, wartete, bis ich ihn entließ, und hatte wenig später meinen Rat vergessen. Welch eine List lag in meinem Freispruch, was hatte sich Lukas, der wunderbare, sanftmütige Knecht, in den vierzehn Jahren überlegt?

Ich ging bis zum Morgen flußaufwärts, die Nächte sind lang in diesem Land, und ich hatte wohl vier Meilen gewonnen, mehr, als ich gehofft hatte. Ich prüfte den Himmel, den länglichen Ausschnitt des Himmels über dem Fluß, es sah aus, als ob es ein Gewitter geben würde. Der Himmel war mit einer einzigen grauen Wolke bedeckt, sie stand über mir und dem Fluß, ihre Ränder waren dunkel; mitten durch das Grau lief eine zinnoberrote Spur, eine Feuerspur, und ich dachte, daß das die Spur von Lukas sein könnte. Ich überlegte, ob es Zweck hätte, unter solchen Umständen den Bambuswald zu durchqueren, aber ich dachte an Fanny, an das Mädchen und an die Frist, und ich beschloß, unter allen Umständen durch den Bambus zu gehen. Ich spürte zum ersten Male Hunger, ich trank von dem bitteren Wasser des Flusses und schwang mich mit Hilfe der Bambusstange ans Ufer. Als ich das Ufer betrat, merkte ich, wie erschöpft ich war, der Weg über die Steine hatte meine ganze Kraft verlangt, hatte meine Aufmerksamkeit und meine Geschicklichkeit bis zuletzt so sehr beansprucht, daß ich keine Gelegenheit gefunden hatte, den Grad meiner Erschöpfung zu bemerken. Nun, da ich die Möglichkeit hatte, mich zu entspannen, merkte ich es; ich fühlte, wie unsicher ich auf den Beinen war, ich sah, wie meine Hände zitterten, und ich spürte den Schleier vor meinen Augen, ein untrügliches Zeichen meiner Erschöpfung. Ich durfte nicht stehenbleiben, ich mußte weiter, mußte mich gleichsam im Sog der einmal begonnenen Anstrengung bis zur Farm tragen lassen; ich kannte mich zur Genüge, ich wußte, daß ich es schaffen würde.

Ich stieg, weit nach vorn gebückt, eine Anhöhe hinauf, ich griff nach jedem Schritt in die Bambusstauden und Wurzeln und zog mich an ihnen vorwärts, ich mußte mich vorsichtig voranziehen, denn manchmal griff ich in die Wurzeln eines toten Baumes, der gestorben und stehengeblieben war, weil es keinen Platz gab, wohin er hätte stürzen können, und wenn ich mich an dem aufrechten, toten Stamm hochziehen wollte, gab er nach, die Wurzeln rissen, und der Bambusstamm stürzte mir entgegen. Mitunter traf er im Sturz andere Stämme, und ich hörte, wie die Wurzeln rissen, und warf mich zur Erde und bedeckte den Kopf mit den Händen. Von Zeit zu Zeit sank ich bis zu den Knien in den weichen Boden ein, aber es geschah nicht so oft wie in der Nacht, als ich den Bambuswald das erste Mal zu durchqueren versucht hatte; jetzt konnte ich die tieferen Löcher im Boden erkennen, konnte ihnen ausweichen.

Die Kälte, unter der ich am Morgen gelitten hatte, machte mir nicht mehr zu schaffen, die Anstrengung brachte mich in Schweiß, das Hemd klebte auf meinem Rücken, und wenn ich mit dem Gesicht am Boden lag, prallte mein Atem vom Laub zurück und traf mein heißes Gesicht. Ich spürte den Schweiß über die Wange laufen und spürte ihn, dünn und säuerlich, wenn ich mit der Zunge über die Lippen fuhr. Ich beschloß, mich im Mais eine Weile auszuruhen, ich wollte mich weder hinlegen noch hinsetzen, das Risiko wäre zu groß gewesen, ich wollte, damit die Erschöpfung mich nicht besiegte, stehend ausruhen, ich wollte einen Augenblick stehen und einen Kolben abbrechen, ich war schon nahe daran, ich hatte schon den süßlich-mehligen Geschmack der Körner auf der Zunge – es war gut, daran zu denken.

Ich zog mich an eine schwarze Zeder heran, ich griff in ein Büschel von Schlinggewächsen, sie fühlten sich glatt und lederhäutig an wie Schlangen, ich griff in sie hinein und zog mich an den Baum heran, und als ich auf einer Wurzel stand, sah ich eine Lichtung. Ich sah sie durch den Schleier meiner Erschöpfung, und als ich näher heranging, erkannte ich auf der Lichtung eine Anzahl großer, schwerer Vögel, die um einen Gegenstand versammelt waren. Sie hüpften lautlos umher, träge und mit schlappem Flügelschlag umkreisten sie den Gegenstand, einige saßen auf ihm und drängten die neu Hinzugekommenen ab, es waren schwarze Vögel. Sie ließen sich durch mich nicht vertreiben, ich konnte so nah herangehen, daß ich sie mit meiner Bambusstange erreicht hätte, ich versuchte es auch, aber sie hüpften nur schwerfällig zur Seite und blieben. Der Gegenstand, um den sie sich drängten, war ein Baumstumpf, sie wollten offenbar nur darauf sitzen, und da sie zu viele waren, entstand dieser lautlose Kampf.

Ich trat an den Baumstumpf heran, lehnte mich gegen ihn und erlag schließlich der Versuchung, mich zu setzen. Ich setzte mich in die Mitte und vertrieb mit meiner Bambusstange die Vögel, ich konnte sie nicht endgültig vertreiben: sie sprangen auf die Erde, träge und widerwillig, sie hüpften schwerfällig um meine Beine herum und sahen mit schräggelegtem Kopf zu mir auf. Und nach einer Weile versuchte der erste Vogel, auf den Baumstumpf zu fliegen, ich duckte mich, weil ich glaubte, er flöge mich an, aber als ich sah, daß er nur neben mir sitzen wollte, ließ ich ihn sitzen und kümmerte mich nicht um ihn. Ich lehnte mich weit zurück und beobachtete den Himmel, und ich sah, daß die Wolke mit der zinnoberroten Spur weiter im Westen stand: es würde kein Gewitter geben, ich war zuversichtlich für meinen Weg. Langsam stand ich auf und ging zwischen den großen Vögeln über die Lichtung, sie bewegten sich nicht, sie hockten am Boden und sahen mir nach.

Ich dachte an Lukas' Augen, an seinen Blick voll sanfter Trauer, ich dachte daran, während ich mit dem Bambus kämpfte, und ich begann, Lukas zu begreifen, Lukas und all die andern, die die Stigmen des Hasses trugen. Ich glaubte zu verstehen, warum sie sich danach drängten, die Male zu empfangen. Wir haben ihnen zuviel genommen, wir haben ihnen aber auch zuviel gebracht.

Welch eine List hatte Lukas ersonnen, warum hatte er mich gehen lassen, der auch daran schuld war, daß ihm alles genommen wurde? Ich mußte vor Sonnenuntergang auf der Farm sein, ich dachte an Fanny und an das Mädchen, ich sah sie immer noch auf der Holzveranda sitzen, den alten Armeerevolver in der Nähe, ich wußte, daß sie in dieser Nacht nicht geschlafen hatten.

Als ich den Bambuswald hinter mir hatte, war ich so erschöpft, daß ich nicht weitergehen zu können glaubte, mein Körper verlangte nach Ruhe, es zog mich zur Erde. Ich blieb mitten im Elefantengras stehen und schloß die Augen, ich wäre eingeknickt und niedergesunken, wenn ich mich nicht auf den Bambusstock gestützt hätte, ich war so entkräftet, daß mich eine tiefe Gleichgültigkeit erfaßte; Fannys Schicksal war mir gleichgültig, und ich beschwichtigte mich selbst, indem ich mir sagte, daß sie gut schießen und das Haus nicht schlechter verteidigen könnte als ich selbst. Und ich hätte mich hingelegt, wenn nicht der Hunger gewesen wäre; der Hunger zwang mich, die Augen zu öffnen, und ich hob den Bambusstab, stieß ihn in den Boden und ging. Ich ging durch das hüfthohe Elefantengras, meine Lippen brannten, in den Fingern summte das Blut. Ich blickte nicht ein einziges Mal über die große Ebene, mein Blick scheute sich vor dem Horizont, ich hatte nicht die Kraft, die Augen zu heben.

Gegen Mittag stand ich vor dem Maisfeld. Ich warf den Bambusstab fort, nun hatte er ausgedient, ich warf ihn in weitem Bogen in das Gras und riß mehrere Maiskolben ab. Ich setzte mich auf die Erde. Ich legte die Kolben in meinen Schoß. Ich riß von einem Kolben die gelbweißen, trockenen Hüllen ab und biß hinein. Ich ließ mir keine Zeit, die Körner mit dem Daumen herauszubrechen. Ich fuhr mit den Zähnen den Kolben entlang. Die Körner schmeckten nach süßem Mehl.

Nachdem ich gegessen hatte, kroch ich zwischen die Maisstauden, ich spürte Kühle und Schatten, spürte eine seltsame Geborgenheit; hier, im Mais, glaubte ich mich sicher. Ich kroch durch das ganze Feld, ich bildete mir ein, während ich kroch, neue Kräfte zu sammeln, ich fühlte mich auch zu Kräften kommen, und ich hob die Augen und sah nach vorn. Und ich sah durch die Maisstauden die Farm, sie lag auf einem Hügel, das große Wohnhaus mit der Veranda und die Wellblechschuppen, die im rechten Winkel zu ihm standen. Die Farm lag verlassen da; McCormick hatte vier Hunde, einen hatte ich immer gesehen, wenn ich vorbeigekommen war, einer hatte immer vor der Veranda im Staub gelegen, jetzt konnte ich keinen entdecken. Ich wollte das Maisfeld verlassen und hinübergehen, ich hatte mich schon aufgerichtet, da kamen sie aus der Farm. Es waren sechs Männer, hagere Kikujus mit Panga-Messern, sie gingen die Verandatreppe hinab, langsam, mit ruhigen Schritten, sie schienen keine Eile zu haben. Einen Augenblick verschwanden sie hinter den Wellblechschuppen, dann sah ich sie wieder, sechs hagere Männer, sie schritten über den Hof und an einer Baumgruppe vorbei, sie schritten aufrecht über die Grasfläche, in die Richtung, aus der ich gekommen war, ihr Weg führte sie zum Bambuswald, zum Fluß. Ich konnte nicht erkennen, ob Lukas bei ihnen war, sie waren zu weit entfernt, ich konnte nur fühlen, ob er bei ihnen war – mein Gefühl bestätigte es. Ich blickte ihnen nach, bis sie hinter der Grasfläche verschwunden waren, ich wußte, daß es jetzt nutzlos war, in die Farm zu gehen und McCormick um das Auto zu bitten, ich würde ihn nie mehr um etwas bitten können; er tat mir leid, denn er war erst sechs Jahre hier. Gleich nach dem Krieg war er hergekommen, ein freundlicher, rothaariger Mann, der gern sprach und in jedem Jahr für einen Monat verschwand, nach Nairobi, erzählte man, wo er einen Monat lang auf geheimnisvolle Art untertauchte.

Es zeigte sich niemand auf seiner Farm, und ich schob mich wieder in das Maisfeld und nahm mir vor, zurückzukehren, wenn ich zu Hause alles geregelt hatte; wenn ich das Schnellfeuergewehr bei mir gehabt hätte oder nur den alten Armeerevolver, dann wäre ich schon jetzt zur Farm hinübergegangen, aber unbewaffnet und erschöpft, wie ich war, wäre es leichtfertig gewesen. Sie konnten einen zurückgelassen haben, sie konnten alle sechs zurückkehren, es hatte keinen Zweck.

Ich kroch in die Richtung, in die auch der schmale Weg lief, der das Maisfeld an einer Seite begrenzte, der Weg führte zu meiner Farm. Ich hatte den schwierigsten Teil der Strecke hinter mir, ich hatte mich ausgeruht und gegessen, ich hatte die Gleichgültigkeit und den Durst überwunden: ich zweifelte nicht daran, daß ich rechtzeitig auf meiner Farm sein würde. Je näher ich kam, desto größer wurde meine Angst vor ihrer List und das Mißtrauen gegenüber meinem Freispruch. Warum hatte Lukas mich gehen lassen, Lukas, sanftmütiger Knecht und Zauberer, welch eine List hatte er für

mich ersonnen? Die Angst ließ mich zwischen den Maisstauden aufstehen, ich schob die Hände vor und begann, so
gut es ging, zu laufen. Ich lief durch das Feld, blieb stehen,
lauschte, hörte mein Herz schlagen und lief weiter. Ich spürte,
wie meine Oberschenkel sich verkrampften, starr und gefül-
los wurden, auf der Brust entdeckte ich die Spuren der Dornen, kleine, blutverkrustete Kratzer, meine Arme zitterten.
Mein Mund war geöffnet, der Oberkörper lag weit vornüber:
so lief ich durch den Mais, und als ich das Ende des Feldes erreicht hatte, gönnte ich mir keine Ruhe; ich lief zur Straße, ich
glaubte, daß ich immer noch liefe, ich hörte meinen Schritt
gegen die Erde klopfen, und ich glaubte, daß ich liefe – aber
wenn ich gelaufen wäre, hätte ich mein Ziel früher erreichen
müssen, ich taumelte vorwärts, von der Angst und der Hitze
geschlagen, ich konnte meinen Schritt kaum noch kontrollie-
ren.

Dann kam ich wieder an ein Maisfeld, lange vor Sonnenuntergang, und das war mein eigener Mais. Hinter ihm lag
die Farm, eine letzte Anstrengung, dann hätte ich sie erreicht,
ich sah sie schon vor mir liegen, obwohl der Mais sie meinem
Blick entzog, meine Farm, Lukas' Farm. Ich bog vom Weg
ab und lief durch den Mais, die Stauden schienen kräftiger und
höher, die Kolben größer zu sein als die in McCormicks Feld
– ich lief bis zu einer Furche, hatte Lukas sie in den Boden gerissen, hatte ich es getan? Ich hatte mich unterschätzt, ich
hatte meine Kräfte zu gering angesehen, jetzt spürte ich, wor-
über ich noch verfügte.

Ich sah die Stauden lichter werden, das war das Ende des
Feldes. Ich trat aus dem Maisfeld. Ich preßte die Hände gegen
die Brust. Ich hob den Kopf und blickte zu den Brotbäumen
hinüber. Die Farm stand nicht mehr, und es war lange vor
Sonnenuntergang. Ich ging zu den Brotbäumen und sah in
die Asche. Ich kniete mich hin und faßte mit beiden Händen
hinein. Die Asche war kalt.

Das Wrack

Auf der Heimfahrt entdeckte Baraby das Wrack. Es lag nicht allzu tief, ein langer, dunkler Schatten, der die Farbe der Wasseroberfläche veränderte; es mußte ein älteres Wrack sein, denn er hatte in letzter Zeit von keinem Schiffsuntergang gehört, und es lag weit ab von der Fahrrinne. Es lag in der Nähe der Halbinsel, wo der Strom mehr als vier Meilen breit war, und es gab dem Wasser über ihm die Farbe eines alten Bleirohrs, stumpf und grau.

Baraby hatte das Wrack nie zuvor entdeckt, obwohl er den Fluß gut kannte; es war in keiner Karte eingezeichnet, und im Dorf wußte auch niemand etwas davon. Vielleicht hätte er das Wrack früher entdeckt, wenn er noch bei der Halbinsel gefischt hätte, aber seit einigen Jahren fuhren die Flußfischer weit in das Mündungsgebiet hinaus; sie legten die Angeln draußen aus und auch die Reusen, es gab am ganzen Strom nur noch eine Handvoll Flußfischer; ein elendes Geschäft war es geworden, zufällig und armselig, und die meisten hatten damit aufgehört.

Weil Baraby auch im Mündungsgebiet fischte, hatte er das Wrack erst jetzt entdeckt. Er stellte den Außenbordmotor ab, und das schwere, breitplankige Boot glitt sanft aus, glitt über den Schatten des Wracks hinaus, stand einen Augenblick still, wurde von der Strömung erfaßt und langsam zurückgetrieben. Der Mann beugte sich über die Bordwand und blickte ins Wasser, und er sah sein Gesicht im Wasser auftauchen, verzerrt und trübe, er sah, als er sich weiter hinabbeugte, sein Gesicht deutlicher werden, erkannte das Kinn und die Backenknochen und den Schädel, und er sah seinen alten, mageren Hals und ein Stück des durchgescheuerten Hemdkragens.

Plötzlich wurde das Wasser dunkel, und der Mann glaubte einen jähen kalten Luftzug zu verspüren, er erfaßte die Klarscheibe, die neben ihm auf der Ducht lag, und hielt sie ins Wasser. Er ließ sich von der Strömung über das Wrack treiben und starrte angestrengt in die Tiefe; er sah hinab in die düstere, grünlich schimmernde Einsamkeit, er sah das Ewigtreibende im lautlosen Strom des Wassers, und darunter, auf dem Boden des Flusses, erkannte er die genauen Umrisse des Wracks.

Er richtete sich auf und schaute zurück; der Schatten des Wracks wurde kleiner, er verschwand, während sich eine Wolke vor die Sonne schob, vollends, und der Mann ruderte gegen die Strömung an, und als er sich über dem Wrack befand, lotete er die Tiefe. Er warf das Lot mehrmals aus, und es zeigte immer dieselbe Tiefe, aber unvermutet lief die Leine nur kurz aus und blieb schlaff im Wasser hängen, und da wußte er, daß das Lot auf dem Wrack lag. Baraby zog die Leine vorsichtig an, er holte sie, um mehr Gefühl zu haben, über den Zeigefinger ein, und er spürte kleine Stöße und Erschütterungen: das Lot schleifte über das Wrack, blieb manchmal für einen Augenblick hängen, so daß sich die Leine straffte, und der Mann fühlte, wie eine eigentümliche Unruhe ihn ergriff, der Wunsch, an das Wrack zu gelangen, das kaum zwanzig Meter unter ihm lag und groß war, schwarz und unbekannt. Er war allein auf dem Strom, und er ließ sich mehrmals über die Stelle treiben, wo das Wrack lag, aber er konnte nichts erkennen. Er wußte nur, daß es da war, ein Wrack, das nur er allein kannte. Die anderen Wracks, die im Strom gelegen hatten, waren längst gehoben oder unter Wasser gesprengt worden: was er wußte, wußte er allein. Baraby merkte sich eine genaue Markierung an Land und warf den Außenbordmotor an; er fuhr knapp um die Halbinsel herum und dicht unter Land weiter, und er war erfüllt von dem Gedanken an das Wrack.

Auf dem Landungssteg stand Willi, er war barfuß und hatte ausgebleichtes Haar und einen sonnenverbrannten Nakken, und er stand vorn auf der äußersten Spitze des Stegs und sah wortlos dem Anlegemanöver seines Vaters zu. Als das Boot gegen den Steg stieß, warf Baraby eine Leine hinauf, und der Junge fing die Leine auf und befestigte sie wortlos an einem Pfahl, und dann sprang er ins Boot und öffnete den Fischkasten in der Mitte; es waren nur wenige Aale drin. Sie holten die Aale heraus und warfen sie in eine Kiste, und der Junge hob die Kiste auf den Kopf und trug sie über den Landungssteg fort. Baraby verließ das Boot und ging zu den Hügeln, wo das Haus lag, es war ein altes, niedriges Haus mit kleinen Fenstern und einem kaum benutzten Vordereingang; der Mann betrat das Haus von der Rückseite, und nachdem er Kaffee getrunken hatte, ging er zu seinem Lager und legte sich hin und dachte an das Wrack. Er dachte an seinen Schatten und daran, daß es auf keiner Karte eingezeichnet war, er dachte an den Boden des Stromes, auf dem es lag, und an die Tiefe, die ihn selbst vom Wrack trennte, und während er daran dachte, wußte er, daß er zu ihm hinabdringen würde, er würde unbemerkt an das Wrack gelangen. Vielleicht, dachte er, ist es ein Passagierdampfer, der noch voll ist; vielleicht ist genug in dem Wrack drin, daß es für ein ganzes Jahr ausreicht – es war alles noch nicht so lange her, und er erinnerte sich, daß sie sogar das Bier hatten trinken können, das sie aus einem anderen Wrack geborgen hatten.

Er stand auf und ging wieder zum Boot hinab. Im Boot saß der Junge; er befestigte neue Haken an der Aalschnur und sagte kein Wort, als sein Vater über ihm auf dem Steg stand. Baraby stand mit zusammengekniffenen Augen auf dem Steg, er stand aufrecht unter der sengenden Sonne, die Hände in den Taschen, und sah dem Jungen zu. Und plötzlich sagte er: »Mach Schluß, Junge. Ich brauche dich jetzt. Leg die Haken weg und hör mir zu. Ich werde jetzt gleich rausfahren, Junge, und du wirst mitkommen. Du wirst mit mir hinausfahren, aber du mußt mir schwören, daß du zu keinem ein Wort sagst von dem, was du zu sehen bekommst. Zu keinem, Junge, hast du gehört?«

»Ja, Vater«, sagte der Junge.

»Wir werden zur Halbinsel fahren. Um diese Zeit kommt da niemand vorbei. Wir werden das Boot verankern, Junge, und dann will ich runter. Ich habe ein Wrack gefunden, drüben, bei der Halbinsel, und ich werde runtergehen und allerhand raufholen. Du wirst keinem Menschen etwas sagen, Junge. Wenn du redest, ist es vorbei.«

»Ja, Vater«, sagte der Junge, »ist gut.«

Baraby warf eine lange Ankerleine ins Boot und stieg ein. Er warf den Motor nicht an, denn wenn der Motor zu dieser Zeit gelaufen wäre, hätten sie auf dem Hügel ihre Köpfe ans Fenster geschoben, darum nahm er die Riemen und stieß das Boot weit in den Fluß hinaus. Es wurde von der Strömung erfaßt und trieb langsam flußabwärts, es trieb auf die Halbinsel zu, und vorn im Boot stand der Junge und hielt Ausschau nach dem Wrack. Noch vor der Markierung warf Baraby den Anker, er glitt einige Meter über den Grund und setzte sich dann fest, und der Mann steckte so lange Leine nach, bis das Boot über dem sichtbaren Schatten des Wracks lag. Er wartete, bis Zug auf die Ankerleine kam und das Boot festlag, dann beugte er sich weit über den Bootsrand und rief den Jungen zu sich, und beide lagen nebeneinander und sahen stumm in den Fluß. Sie erkannten, weit unter dem düsteren Grün des Wassers, eine scharf abfallende dunkle Fläche, sie sahen schwarze Gegenstände auf dieser Fläche und wußten, daß es das Wrack war.

»Da liegt es«, sagte der Mann. »Es ist groß, Junge, es ist wohl achtzig oder noch mehr Meter lang. Siehst du es?«

»Ja«, sagte der Junge, »ja, ich sehe es genau.«

»Ich will es versuchen«, sagte der Mann. »Ich werde heute nicht weit runterkommen, ich werde es nicht schaffen. Aber ich werde es mir aus der Nähe ansehen.«

»Es ist ein Passagierdampfer«, sagte der Junge. »Vielleicht sind da noch Leute drin, Vater. Es ist bestimmt ein Passagierdampfer.«

»Vielleicht, Junge. Wir müssen abwarten. Du wirst zu keinem Menschen ein Wort sagen. Das ist unser Wrack, wir haben es entdeckt, und darum gehört es uns allein. Wir können es brauchen, Junge, wir haben es nie nötiger gehabt als jetzt. Das Wrack wird uns helfen. Wir werden raufholen, was wir raufholen können, und du wirst zu keinem Menschen ein Wort sagen.«

»Ja«, sagte der Junge.

Der Mann begann sich zu entkleiden; er trug schwarze Wasserstiefel, die mit roten Schlauchstücken geflickt waren, und zuerst zog er die Stiefel aus und dann die Jacke und das Hemd. Der Junge sah schweigend zu, wie der Mann sich entkleidete, er hielt die Brille mit den Klarscheiben in der Hand, und als der Mann nur noch mit der Manchesterhose bekleidet war, reichte er ihm die Brille und sagte: »Ich werde aufpassen, Vater. Ich bleibe oben und passe auf.«

Baraby legte die Brille um und schwang sich über die Bordwand, er glitt rückwärts ins Wasser, die Hände am Bootsrand. Er lächelte dem Jungen zu, aber der Junge erwiderte dies Lächeln nicht, er blieb ernst und ruhig und blickte auf die rissigen Hände seines Vaters, die an den Knöcheln weiß wurden.

»Jetzt«, sagte der Mann, und er richtete sich steil auf und ließ sich hinabfallen. Er tauchte an der Spitze des Bootes weg, kerzengerade, und der Junge warf sich über den Bootsrand und sah ihm nach. Und er sah, wie der Mann drei Meter hinabschoß und wie kleine Blasen an ihm hochstiegen, aber dann fand die Kraft des Sturzes ihr Ende, und Baraby stieß den Kopf nach unten und versuchte, Tiefe zu gewinnen. Er schwamm mit kräftigen Stößen nach unten, aber die Strömung war zu stark; obwohl er verzweifelt gegen sie anschwamm, trieb ihn die Strömung unter das Boot, und er schien zu merken, daß er hoffnungslos vom Liegeplatz des Wracks abgedrängt wurde, denn schon nach kurzer Zeit sah der Junge, wie der Körper seines Vaters eine plötzliche Aufwärtsbewegung machte und mit energischen Bewegungen zur Oberfläche strebte.

Der Mann tauchte knapp hinter dem Boot auf, und der Junge hielt ihm einen Riemen hin und zog ihn an die Bordwand heran.

»Es ist zuviel Strömung«, sagte Baraby. »Du hast gesehen, Junge, wie mich die Strömung abtrieb. Aber sie ist nicht so stark wie draußen in der Mündung, sie wird durch die Halbinsel verringert.«

Er atmete schnell, und der Junge sah auf seine Schultern und in sein nasses Gesicht.

»Ich werde es noch einmal versuchen«, sagte der Mann. »Wenn ich noch drei Meter tiefer komme, werde ich mehr sehen. Ich werde es jetzt anders machen, Junge. Ich werde an der Ankerleine ein Stück runtergehen, und wenn ich tief genug bin, lasse ich mich treiben. Die Strömung wird mich genau über das Wrack treiben, und dann werde ich mehr sehen können. Hoffentlich komme ich solange mit der Luft aus.«

»Ja«, sagte der Junge.

Der Mann zog sich an der Bordwand um das Boot herum, dann griff er nach der Ankerleine und zog sich weiter gegen die Strömung voran, und schließlich tauchte er, ohne zurückgesehen zu haben. Er brachte sich mit kurzen, wuchtigen Zugriffen in die Tiefe, und als er einen leichten Druck spürte, gab er das Seil frei und überließ sich der Strömung. Während die Strömung ihn mitnahm, machte er noch einige Stöße hinab, und jetzt war er mehrere Meter tiefer als beim ersten Versuch. Er hielt in der Bewegung inne und überließ sich völlig der Strömung, und dann sah er eine breite, dunkle

Wand auftauchen, das Wrack. Es lag quer zur Strömung und mit leichter Krängung auf dem Grund des Flusses, und es war kein Passagierdampfer. Das Deck des Wracks war erhöht, oder es schien zuerst, als ob es erhöht wäre, doch dann erkannte Baraby, daß es Fahrzeuge waren, Autos, die mit Drahtseilen zusammengehalten wurden, große Lastwagen und auch einige Fuhrwerke. Er sah einen Schwarm von Fischen zwischen den Lastwagen, sie zuckten zwischen ihnen hindurch, verschwanden hinter den Aufbauten, und das Wrack lag da, als sei es vor kurzem beladen worden und warte nur darauf, die Leinen loszuwerfen. Dann sah der Mann einen scharfen Schatten und wußte, daß er über das Wrack hinausgetrieben war; er hob den Oberkörper empor, und die Strömung drückte gegen seine Brust und richtete ihn unter Wasser auf. Er riß die Arme weit nach oben und gelangte mit einigen starken Stößen ans Licht.

Der Junge sah ihn forschend an, er nahm die Klarscheiben in Empfang, die der Mann hinaufreichte, und ging wieder nach vorn. Der Mann kletterte in das Boot, er war erschöpft und lächelte unsicher, und die Haut über seiner Bauchhöhle zitterte.

»Ich habe ihn gesehen«, sagte er, »es ist kein Passagierdampfer, Junge, aber er ist voll. Es muß ihn bei der Ausfahrt erwischt haben, denn auf dem Deck stehen noch Autos und Fuhrwerke. Er ist voll, und wir werden eine Menge heraufholen können. Aber du darfst zu keinem Menschen darüber sprechen, Junge. Heute hab ich's noch nicht geschafft, aber ich werde es in den nächsten Tagen wieder versuchen; wir werden es so lange versuchen, Junge, bis wir an das Wrack kommen. Da liegt noch die ganze Ladung unten, das Wrack ist unberührt.«

Baraby ließ seinen Körper an der Sonne trocknen, dann kleidete er sich an, und nachdem er angezogen war, zerrte er das Boot an der Leine gegen den Strom und brach den Anker aus dem Grund. Sie fuhren wortlos zum Anlegesteg und gingen nebeneinander den Hügel hinauf zum Haus, und sie dachten beide an das Wrack.

Am folgenden Tag fuhren sie wieder zu der Liegestelle des Wracks, Baraby hatte keine Reusen im Mündungsgebiet aufgestellt; sie fuhren schon morgens zur Halbinsel hinaus, als noch Nebel über dem Strom lag, und der Mann ließ sich in das kalte, langsam strömende Wasser hinab und tauchte. Sie fuhren Tag für Tag dorthin, wo das Wrack lag, und zweimal gelang es Baraby, bis zum Deck des gesunkenen Schiffes hinabzukommen, es gelang ihm sogar, sich für einen Augenblick an einem der angezurrten Lastwagen festzuhalten, aber länger konnte er nicht unten bleiben, die Luft reichte nicht aus. Einmal brachte er eine Konservendose empor, die auf der verrotteten Ladefläche eines Lastwagens gelegen hatte; sie öffneten die Konservendose und fanden Kohl darin.

Das war der einzige Erfolg. Aber je öfter der Mann hinabtauchte, desto ungeduldiger wurde er, und desto größer wurde seine Zuversicht, daß das Wrack noch unberührt und beladen war. Und wenn er sich hinabließ in die grüne Dunkelheit unten, spürte er die Nähe des Gewinns und des Sieges, und manchmal stieg er nur hinab, um dieses Gefühl zu haben. Er wußte, daß das Wrack ihm einmal endgültig gehören, daß er in sein Inneres eindringen und alles, was in ihm lag, bergen würde. Baraby wußte es. Er fuhr nur selten ins Mündungsgebiet hinaus, um die Schnüre und Reusen auszulegen, er verbrachte die meiste Zeit am Wrack, und der Junge begleitete ihn jedesmal und hing über der Bordwand und starrte ins Wasser.

Aber eines Tages, an einem unruhigen Vormittag, als der Wind kurze Wellen den Strom hinauftrieb und sie gegen die Halbinsel warf, tauchte der Mann neben dem Boot auf und schüttelte den Kopf. Er kletterte hinein, warf die Jacke über den bloßen Körper und setzte sich auf eine Ducht und sah blaß aus und kraftlos und alt. Er blickte auf den Jungen und sagte: »Ich schaffe es nicht. Ich komme nicht in das Wrack hinein, Junge, ich habe alles versucht. Ich weiß genau, wo der Niedergang ist und wie die Strömung über das Wrack geht, ich kenne alles genau, aber mir fehlt die Luft. Ich habe zu wenig Luft, Junge.«

»Ja, Vater«, sagte der Junge.

»Aber wir werden es trotzdem schaffen: wir werden zurückfahren, und am Abend gehen wir zur Werft, ich werde den Außenbordmotor verkaufen.« Der Junge hob den Kopf und sah auf seinen Vater.

»Ja«, sagte der Mann, »ich werde den Motor verkaufen. Es hat keinen Zweck mehr, Junge, wir fangen nichts mehr auf dem Fluß, und draußen in der Mündung ist es nicht besser. Ich weiß, daß wir ohne den Motor nicht viel machen können auf dem Fluß, aber ich werde ihn trotzdem verkaufen. Ich werde den Motor einem von der Werft geben, der sucht schon lange einen, und dann werden wir uns ein Sauerstoffgerät besorgen. Ich werde ein altes besorgen, auf der Werft haben sie das, und mit dem Gerät werden wir zum Wrack zurückkommen. Das sind zwei kurze, dicke Stahlflaschen, Junge, und wenn ich die auf den Rücken nehme und habe einen guten Schlauch, dann kann ich vierzig Minuten unten am Wrack bleiben, und in vierzig Minuten kann ich allerhand raufholen. In vierzig Minuten schleppe ich das Boot voll. Und da ist eine Menge drin in dem Wrack. Das siehst du an den Autos.«

»Ja«, sagte der Junge.

Sie gingen gemeinsam zur Werft und fanden den Mann, der den Außenbordmotor haben wollte, und der Mann besorgte ihnen das Sauerstoffgerät. Baraby trug es in einem Sack auf der Schulter nach Hause. Er probierte es an der Halbinsel aus, in seichtem Wasser, wo der Grund sandig und locker war, und der Junge stand vorn im Boot und beobachtete seinen Vater. Baraby wollte sich erst an das Sauerstoffgerät gewöhnen, bevor er zum Wrack hinabstieg; er brauchte eine ganze Weile dazu, der Druck, der durch die eingeklemmte Nase in seinem Schädel entstand, machte ihm zu schaffen, aber schließlich traute er sich zu, in das Wrack einzudringen.

Er hatte sich eine Unterwasserlampe gebaut, es war eine breite Taschenlampe, die in eine durchsichtige, wasserdichte Hülle eingenäht war, er hatte sie ausprobiert, und sie warf ein kräftiges Licht. Er verwahrte die Taschenlampe und das Sauerstoffgerät abends im Boot, und am nächsten Morgen ließen sie sich den Strom hinabtreiben und warfen vor dem Wrack den Anker aus; sie warteten, bis der Anker festsaß und Zug auf die Leine kam, dann entkleidete sich der Mann, und der Junge reichte ihm die Klarscheiben und befestigte die Riemen des Sauerstoffgerätes unter der Achsel. Baraby nahm die Taschenlampe und ließ sich über den Bootsrand hinab; langsam senkte sich sein Oberkörper, der Hals verschwand, das Kinn, und schließlich das Gesicht, das mit den Klarscheiben wie ein riesiges Insektengesicht aussah; er verschwand mit grausamer Langsamkeit, und der Junge warf sich wie erlöst über den Bootsrand, als die ersten Blasen an der Oberfläche erschienen.

Baraby hatte eine Leine um seine Brust gebunden, es war ein dünnes, starkes Tau, das durch die Hände des Jungen lief und dessen Ende, damit es nicht ausrutschen konnte, um eine Ducht geschlagen war. Der Junge spürte, wie die Leine ruhig und gleichmäßig durch seine Hand lief, er achtete kaum darauf, er sah nur ins Wasser, wo er den sanft sinkenden Körper seines Vaters mit den Blicken begleitete, und dann fühlte er, daß die Leine nicht mehr auslief, und er wußte, daß sein Vater das Wrack erreicht hatte.

Baraby stand auf dem schrägen Deck des Wracks, er hielt sich an der Reling fest und spürte, wie die Strömung leicht an seinem Körper zerrte. Er blieb einen Augenblick so stehen und prüfte seinen Atem, doch das Gerät arbeitete gut und versorgte ihn mit Luft. Er fühlte sich sicher und zuversichtlich und war froh, daß er den Außenbordmotor weggegeben hatte; er war allein unter Wasser, und er sah sich um mit dem Blick eines Besitzers, der sein neues Land prüft. Er sah auch hinauf zum Himmel, aber er erkannte nur die trübe Silhouette des Bootes und den Kopf des Jungen, der über der Bordwand lag und zu ihm hinabstarrte; er winkte hinauf, obwohl er wußte, daß dieses Winken verloren, daß es oben nicht zu erkennen war.

Dann ließ er die Reling los, und die Strömung trieb ihn auf die Lastwagen zu; sie standen ausgerichtet auf Deck, immer zwei nebeneinander, und es hatte den Anschein, als sei ihnen nichts geschehen. Aber sie waren unbrauchbar und verrottet, und das Führerhaus und die Ladefläche waren bei allen voll von Schlamm; Baraby versuchte den Schlamm an einer Stelle mit dem Fuß zu entfernen, der Schlamm war zäh. Er sah, daß die Lastwagen zu nichts mehr taugten, und er schaltete die Taschenlampe ein und schwamm auf einen offenen Niedergang zu. Er wollte in das Wrack eindringen und bewegte sich über den verschlammten Niedergang abwärts. Der Schein der Lampe wurde klein und armselig und kämpfte mit der Dunkelheit, er riß sie nur wenig auf, er gelangte nicht weit. Baraby verhielt und zog die Leine nach, die oben durch die Hände des Jungen lief, und er hatte das Gefühl, daß die Leine hinaufreichte bis zum Himmel.

Plötzlich kam er in einen eiskalten Sog; er richtete den

Strahl der Lampe zur Seite, es war ein großes ausgezacktes Loch an der Seite, durch das er in den Maschinenraum sehen konnte; der Schein fiel auf den hohen Kessel, glitt an ihm vorbei, wanderte an Röhren und Leitungen entlang und verlor sich wieder in der Finsternis. Der Mann strebte aus dem Sog hinaus und arbeitete sich seitlich hinab. Er fand fast alle Schotten geschlossen, und er hatte eine Menge zu tun, ehe er sie aufbekam, und als der Lichtkegel kein Ziel mehr fand, wußte er, daß er im vorderen Laderaum war. Er konnte sich aufrichten und nach allen Seiten bewegen, er konnte bis zur Bordwand vordringen, es war Platz genug. Aber nachdem er den Raum ausgeschwommen hatte, drang er zum Boden des Laderaums hinab, und als er das Licht zum ersten Mal nach unten richtete, sah er wimmelnde Aale, die aufgeschreckt aus dem Strahl zu entkommen suchten. Er schaltete das Licht aus und hielt sich an einem Bodenring fest, und er spürte die gleitende, kalte Berührung der Tiere, wenn sie dicht an ihm vorbeischwammen. Dann schaltete er das Licht wieder an und war allein auf dem Boden des Laderaums. Auch der Boden war mit Schlamm bedeckt, aber der Schlamm war hier nicht so zäh wie auf dem Lastwagen. Baraby begann den Boden des Laderaums abzusuchen, doch er fand nicht das, was er zu finden gehofft hatte; er fand weder Kisten noch Geräte, es war überhaupt nichts da von einer Ladung, und solange er auch suchte, er fand nichts, das mitzunehmen sich gelohnt hätte. Aber unvermutet zuckte der Lichtkegel in einen Winkel, und es glänzte weiß auf; der Mann schwamm sofort dorthin und untersuchte die weißen Gegenstände: es waren große Knochen, Rippenknochen, die aus dem Schlamm hervorragten, und Baraby sah, daß sie von Pferden stammten.

Sie werden Pferde geladen haben, dachte er; als das Schiff unterging, hatten sie nichts als Pferde an Bord. Und er betastete die Knochen und versuchte, sie aus dem Schlamm zu ziehen, und nach einer Weile schwamm er zum Niedergang zurück. Er arbeitete sich mit den Händen hoch, und über einen anderen Niedergang gelangte er in den achteren Laderaum; hier entdeckte er das Loch, das die Mine in den Leib des Schiffes gerissen hatte, das Loch war groß wie sein eigenes Boot, und da es zur Strömung stand, war eine große Menge Schlamm in das Schiff eingedrungen, der Laderaum war hoch mit Schlamm gefüllt. Der Mann untersuchte alles, er war unruhig geworden und schwamm verzweifelt den Raum aus, und als er nichts fand, schlug er die Beine um einen Stützbalken und wühlte sich mit den Händen durch den Schlamm bis zum Boden des Laderaums durch.

Aber auch hier fand er wieder nur Knochen, er sah sie plötzlich aufleuchten und wußte, daß das Schiff nur Pferde an Bord gehabt hatte, als es von der Mine getroffen wurde. Er nahm einen einzelnen Knochen und schwamm zurück zum Deck; er sah hinauf zum Licht, zur Silhouette des Bootes. Und er wandte sich ab und zog sich zu den Aufbauten des gesunkenen Schiffes hinauf. Er untersuchte alle Schapps und Kammern, er öffnete jedes Schott, das er fand, aber überall war nur Dunkelheit und Schlamm, und er entdeckte nichts von dem, was er zu finden gehofft hatte.

Und er gab dem Jungen das Signal mit der Leine, und der Junge zog ihn Hand über Hand ans Licht; er spürte nicht einmal den Druck der Leine auf der Brust, als er hinaufgezogen wurde, er glich den Zug nicht mit den Händen aus, er hing ohne Bewegung und wie leblos am Seil, und der Junge holte ihn rauf.

Baraby kletterte ins Boot. Der Junge zog an der Ankerleine und brach den Anker aus dem Grund. Dann setzte er sich auf eine Ducht. Der Mann hatte sich angezogen und sah blaß und müde aus. Sie saßen einander gegenüber, sie saßen reglos unter der sengenden Sonne, und die Strömung erfaßte das Boot und trieb es lautlos gegen die Halbinsel.

Sie hatten einen Auftrag für mich und schickten mich raus in die sehr feine Vorstadt am Strom. Ich war zu früh da, und ich ging um das Haus herum, ging die Sandstraße neben dem hüfthohen Zaun entlang. Es war sehr still, nicht einmal vom Strom her waren die tiefen, tröstlichen Geräusche der Dampfersirenen zu hören, und ich ging langsam und sah auf das Haus. Es war ein neues, strohgedecktes Haus, die kleinen Fenster zur Straßenseite hin waren vergittert, sie sahen feindselig aus wie Schießscharten, und keins der Fenster war erleuchtet. Ich ging einmal um das Haus herum, streifte am Zaun entlang, erschrak über das Geräusch und lauschte, und jetzt flammte ein Licht über der großen Terrasse auf, die ganze Südseite des Hauses wurde hell, auch im Gras blitzten zwei Scheinwerfer auf, leuchteten scharf und schräg in das Laub der Buchen hinauf, und das Haus lag nun da unter dem milden, rötlichen Licht, das aus den Buchen zurückfiel, still und friedlich.

Es war so still, daß ich den Summer hörte, als ich den Knopf drückte, und dann das Knacken in der Sprechanlage und plötzlich und erschreckend neben mir die Stimme, eine ruhige, gütige Stimme. »Kommen Sie«, sagte die gütige Stimme, »kommen sie, wir warten schon«, und ich ging durch das Tor und hinauf zum Haus. Ich wollte noch einmal an der Tür klingeln, aber jetzt wurde sie mir geöffnet, tat sich leise auf, und ich hörte die gütige Stimme flüstern, flüsternde Begrüßung, dann trat ich ein, und wir gingen leise ins Kaminzimmer.

»Bitte setzen Sie sich«, sagte der Mann mit der gütigen Stimme, »nur zu, bitte, Sie sind jetzt hier zu Hause.«

Es war ein untersetzter, fleischiger Mann; sein Gesicht war leicht gedunsen, und er lächelte freundlich und nahm mir den Mantel ab und die Mappe mit den Kollegheften. Dann kam er zurück, spreizte die kurzen, fleischigen Finger, nickte mir zu, nickte sehr sanft und sagte: »Es fällt uns schwer. Es fällt uns so schwer, daß ich schon absagen wollte. Wir bringen es nicht übers Herz, die Kinder abends allein zu lassen, aber ich konnte diesmal auch nicht absagen.«

»Ich werde schon achtgeben auf sie«, sagte ich.

»Sicher werden sie achtgeben«, sagte er, »ich habe volles Vertrauen zu Ihnen.«

»Ich mache es nicht zum ersten Mal«, sagte ich.

»Ich weiß«, sagte der Mann, »ich weiß es wohl; das Studentenwerk hat Sie besonders empfohlen. Man hat Sie sehr gelobt.« Er goß uns zwei Martini ein, und wir tranken, und während ich das Glas absetzte, spürte ich, wie ich erschauerte, aber ich wußte nicht wovor: sein Gesicht war freundlich, und er lächelte und sagte: »Vielleicht komme ich früher zurück; es ist ein Jubiläum, zu dem wir fahren müssen, ich will sehen, daß ich früher zurückkomme. Die Unruhe wird mich nicht bleiben lassen.«

»Es sind nur ein paar Stunden«, sagte ich.

»Das ist lange genug«, sagte er. »Ich kann von den Kindern einfach nicht getrennt sein, ich denke immer an sie, auch in der Fabrik denke ich an sie. Wir leben nur für unsere Kinder, wir kennen nichts anderes, meiner Frau geht es genauso. Aber Sie werden gut achtgeben auf sie, ich habe volles Vertrauen zu Ihnen, und vielleicht komme ich früher zurück.«

»Ich habe mich eingerichtet«, sagte ich, »ich habe meine Kolleghefte mitgebracht, und von mir aus können Sie länger bleiben.«

Er erhob sich, kippte den Rest des Martini sehr schnell hinunter, schaute zur Uhr und wischte sich mit dem Handrücken über den Mund. Sein Handrücken war breit und behaart, ich sah es, als er mir die Hand auf den Arm legte, als er mich freundlich anblickte und mit gütiger Stimme sagte: »Sie schlafen schon in ihrem kleinen, weißen Bett. Maria ist zuerst eingeschlafen, es ist ein Wunder, daß sie zuerst eingeschlafen ist; aber ich darf jetzt nicht hinaufgehen an ihr kleines Bett, jetzt nicht, denn ich könnte mich nicht mehr trennen. Sie sollen wissen, was wir Ihnen anvertrauen, was wir in Ihre Hände legen – Sie sollen wissen, daß Sie achtgeben auf unsere ganze Liebe.«

Er gab mir seine Hand, eine warme, fleischige Hand, und ich glaubte auch im sanften Druck dieser Hand seine Trauer über die Trennung zu verspüren, den inständigen Schmerz, der ihn jetzt schon ergriffen hatte. In seinem Gesicht zuckte es bis hinauf zu den Augen, zuckte durch sein trauriges

Lächeln hindurch, durch die Gedunsenheit und Güte. Und dann erklang ein kleiner Schritt hinter uns, hart und schurfend, kam eine Treppe herab, kam näher, und setzte aus, und das Gesicht des Mannes entspannte sich, als der Schritt aussetzte, wurde weich und ruhig: »Ich habe volles Vertrauen zu Ihnen.«

Wir wandten uns zur gleichen Zeit um, und als ich sie erblickte, wußte ich sofort, daß ich sie bereits gesehen hatte, oder doch jemanden, der so aussah wie sie: blond und schmalstirnig und sehr jung; auch den breiten, übergeschminkten Mund hatte ich in Erinnerung und das schmale, schwarze Kreuz, das sie am Hals trug. Sie nickte flüchtig zu mir herüber, flüchtigen Dank für mein Erscheinen; sie stand reglos und ungeduldig da, ein Cape in der Hand, darunter baumelnd eine Tasche, und der untersetzte Mann mit der gütigen Stimme nahm seinen bereitgelegten Mantel auf, winkte mir zu, winkte mit der Hand seinen Kummer und sein Vertrauen zu mir herüber und ging. Die sehr junge Frau drehte ihm den kräftigen Rücken zu, stumme Aufforderung, er nahm das Cape, legte es um ihre Schultern, und jetzt erklang der harte, schurfende Schritt, entfernte sich, wurde noch einmal klar, als sie über die Steinplatten der Terrasse gingen, und verlor sich auf dem Sandweg.

Ich sah durch das Fenster, erkannte, wie zwei Autoscheinwerfer aufflammten, deren Licht drüben in den Zaun fiel, ich hörte den Motor anspringen, sah die Scheinwerfer wandern, kreisend am Zaun entlang nach der Ausfahrt suchen, und nun blieben sie stehen. Der Mann stieg aus und kam zurück, entschuldigte seine Rückkehr durch gütiges Lächeln, mit seiner Trauer über die Trennung, und er schrieb eine Telefonnummer auf einen Kalenderblock, riß das Blatt ab, legte es vor mich hin und beschwerte es mit einem Zinnkrug. »Falls doch etwas passiert«, sagte er, »falls. Sie schlafen zwar fest in ihrem kleinen, weißen Bett, es besteht kein Grund, daß sie aufwachen, alles nur für den Fall ... Sie brauchen nur diese Nummer zu wählen. Sie sollen wissen, was wir Ihnen anvertrauen.« Er entschuldigte sich abermals, lauschte zur Treppe hinauf und ging.

Ich wartete, ich saß da und wartete, daß sie noch einmal zurückkämen, aber die Scheinwerfer tauchten nicht mehr auf; vor mir lag die Telefonnummer, unterstrichen und eingekastelt auf dem Blatt, mit dem fleckigen Zinnkrug beschwert. Ich starrte auf die Telefonnummer – »falls doch etwas passiert, falls« –, ich zog das Blatt hervor, legte es auf die äußerste Tischkante, dann kramte ich die Hefte aus der Mappe hervor, schichtete sie auf – »Sie wissen, was wir Ihnen anvertrauen« – und versuchte zu lesen. Ich blätterte in den Kollegnotizen: Stichworte, in Eile abgenommene Jahreszahlen, zusammenhanglose Wendungen, und immer wieder Ausrufungszeichen, immer wieder – welchen Sinn hatten sie noch? Nichts wurde deutlich, kein Zusammenhang entstand; ich empfand zum ersten Mal die Sinnlosigkeit des Mitschreibens in der Vorlesung, all die verlorene, fleißige Gläubigkeit, mit der ich die Hefte vollgeschrieben hatte.

Drüben am Fenster ging das Telefon. Ich erschrak und sprang auf und nahm den Hörer ab; ich führte ihn langsam zum Ohr, wartete, unterdrückte den Atem, und jetzt hörte ich eine Männerstimme, keine gütige Stimme, sondern knapp, vorwurfsvoll: »Milly, wo warst du, Milly? Warum hast du nicht angerufen, Milly? Hörst du, Milly?« Und nun schwieg die Stimme, und ich war dran. Ich sagte nur »Verzeihung«, ich konnte nicht mehr sagen als dies eine Wort, aber es genügte: ein schmerzhaftes Knacken erfolgte, die Leitung war tot, und ich ließ den Hörer sinken. Doch nun, da ich ihren Namen kannte, wußte ich auch, wo ich sie gesehen hatte: ich hatte sie beim Friseur gesehen, in einem der fettigen, zerlesenen Magazine, unter dem Schnappen der Schere und dem einschläfernden Wohlgeruch, Milly: kräftig, blond und schmalstirnig, und ein neues Versprechen für den Film.

Die Buchenscheite im Kamin knisterten, und der zuckende Schein des Feuers lief über den Fries auf dem Kaminsims, lief über den grob geschnitzten Leidensmann und seine grob geschnitzten Jünger, die ausdrucksvoll in die Zeit lauschten mit herabhängenden, resignierten Händen. Ich steckte mir eine Zigarette an und ging zu meinen Heften zurück; ich schloß die Hefte und legte sie auf einen Stapel und beobachtete das Telefon; gleich, dachte ich, würde er anrufen, der Mann mit der gütigen Stimme, gleich würde er in freundlicher Besorgnis fragen, ob die Kinder noch schliefen, seine einzige Liebe; wenn er am Ort des Jubiläums ist, dachte ich, wird er anrufen. Und während ich das dachte, erklang ein Kratzen an der Tür oben, hinter der Balustrade, und dann hörte das Kratzen auf, der Drücker bewegte sich, ging heftig auf und nieder, so, als versuchte jemand, die Tür gewaltsam zu öffnen; aber anscheinend mußte sie verschlossen sein, denn so heftig auch am Drücker gerüttelt wurde, die Tür öffnete sich nicht.

Ich drückte die Zigarette aus, stand da und sah zur Tür hinauf, und auf einmal drang ein Klageton zu mir herab, ein flehender, unverständlicher Ruf, und wieder war es still – als ob der, der sich hinter der Tür bemerkbar zu machen versuchte, seiner Klage nachlauschte, darauf hoffte, daß sie ein Ziel traf. Ich rührte mich nicht und wartete; die Klage hatte mich nicht zu betreffen, ich war da, um die Kinder zu hüten; aber jetzt begann ein Trommeln gegen die Tür, verzweifelt und unregelmäßig, ein Körper warf sich mit dumpfem Aufprall gegen das Holz, stemmte, keuchte, Versuch auf Versuch, in panischer Auflehnung. Ich stieg langsam die geschwungene Treppe hinauf bis zur Tür, ich blieb vor der Tür stehen und entdeckte den Schlüssel, der aufsteckte, und ich horchte auf die furchtbare Anstrengung auf der andern Seite. Nun mußte er sich abgefunden haben drüben, ich vernahm seine klagende Kapitulation, den schnellen Atem seiner Erschöpfung, er war fertig, er gab auf.

In diesem Augenblick drehte ich den Schlüssel herum. Ich schloß auf, ohne die Tür zu öffnen; ich beobachtete den Drücker, aber es dauerte lange, bis er sich bewegte, und als er niedergedrückt wurde, geschah es behutsam, prüfend, fast mißtrauisch. Ich wich zurück bis zur Balustrade, die Tür öffnete sich, und ein alter Mann steckte seinen Kopf heraus. Er hatte ein unrasiertes Gesicht, dünnes Haar, gerötete Augen, und er lächelte ein verworrenes, ungezieltes Lächeln, das Lächeln der Säufer. Überraschung lag auf seinem Gesicht, ungläubige Freude darüber, daß die Tür offen war; er drückte sich ganz heraus, lachte stoßweise und kam mit ausgestreckten Händen auf mich zu.

»Danke«, sagte er, »vielen Dank.«

Er steckte sich sein grobes Leinenhemd in die Hose, horchte den Gang hinab, wo die Kinder schliefen, und machte eine Geste der Selbstberuhigung. »Sie schlafen«, sagte er, »sie sind nicht aufgewacht.« Dann stieg er vor mir die Treppe hinab, Schritt für Schritt, hielt seine Hände über das Kaminfeuer, streckte sie ganz aus, so daß ich das tätowierte Bild eines Segelschiffes über dem Gelenk erkennen konnte, und während er nun seine Hände zu reiben begann, sagte er: »Sie sind von Bord, sie sind beide weggefahren, ich habe es vom Fenster gesehen.«

Er richtete sich wieder auf, sah sich prüfend um, als wollte er feststellen, was sich verändert habe, seit er zum letzten Mal hier unten war, prüfte die Gardinen, das Kaminbesteck und die Lampen, bis er auf einem kleinen Tisch die Martiniflasche entdeckte und die beiden Gläser. Ohne den Inhalt zu prüfen, entkorkte er die Flasche, stieß den Flaschenhals nacheinander in die Gläser und schenkte ein.

»Soll ich ein neues Glas holen?« sagte ich.

»Laß man«, sagte er, »das Glas hier ist gut. Daraus hat nur mein Sohn getrunken. Ich brauche kein neues Glas.«

Er forderte mich auf, mit ihm zu trinken, kippte den Martini in einem Zug runter und füllte gleich wieder nach.

»Jetzt mach ich Landurlaub«, sagte er, »jetzt sind sie beide weg, und da kann ich Urlaub machen. Wenn sie da sind, darf ich mich nicht zeigen an Deck. Trink aus, Junge, trink.« Er stürzte das zweite Glas runter, füllte gleich wieder nach und kam auf mich zu und lächelte.

»Dank für den Urlaub, Junge«, sagte er. »Sie lassen mich sonst nicht von Bord, mein Sohn nicht, seine Frau nicht, keiner läßt mich raus. Ich habe einen tüchtigen Sohn, er ist mehr geworden als ich, er hat eine eigene Fabrik, und ich bin nur Vollmatrose gewesen. Darum lassen sie mich nicht raus, Junge, darum haben sie mir Landverbot gegeben. Sie haben Angst, sie haben eine verfluchte Angst, daß mich jemand sehen könnte, und wenn sie Besuch haben, schieben sie mir eine Flasche rein. Und ich kann nicht mehr viel vertragen.«

»Darf ich Ihnen eine Zigarette geben?« sagte ich.

»Laß man«, sagte er und winkte ab.

Der Alte setzte sich hin, hielt das Glas zitternd mit beiden Händen vor der Brust, zog es in kleinen Kreisen unter seinem gesenkten Gesicht vorbei, und dabei brummelte und summte er in sanfter Blödigkeit vor sich hin. Nach einer Weile hob er den Kopf, blickte mich versonnen über den Glasrand an und trank mir zu. »Trink aus, Junge, trink«, und er legte seinen Kopf so weit nach hinten, daß ich fürchtete, er werde umkippen; aber gegen alle Schwerkraft pendelte sein Oberkörper wieder nach vorn, fing sich, balancierte sich aus.

Das Telefon schreckte uns auf; wir sprangen hoch, der Alte an mir vorbei zum Treppenabsatz, zutiefst erschrocken, mit seinen Armen in der Luft rudernd, bis er auf das Geländer schlug und sich festklammern konnte.

Ich nahm den Hörer ab, ich glaubte zu wissen, wer diesmal anrief, doch ich täuschte mich: es war Milly, die sich meldete, die mit sehr ruhiger Stimme und nebenhin fragte: »Ist mein Mann schon da?«

»Nein«, sagte ich, »nein, er ist noch nicht da.«

»Er wird gleich da sein, er ist schon unterwegs. Wurde angerufen?«

»Ja«, sagte ich.

»Danke.«

Ich wollte etwas sagen, aber sie hatte aufgelegt, und während ich auf den Hörer in meiner Hand blickte, schwenkten zwei Scheinwerfer in jähem Bogen auf die Einfahrt zu, schwenkten über die Zimmerdecke und kreisend an der Wand entlang: das Auto kam den Sandweg herauf. Auch der Alte hatte das Auto gesehen, er mußte auch begriffen haben, was am Telefon gesagt worden war, denn als ich den Kopf nach ihm wandte, stand er bereits oben vor seinem Zimmer und machte mir eilige Zeichen. Ich lief die Treppe hinauf und wußte, daß ich es seinetwegen tat. »Zuschließen«, sagte er hastig, »sperr mich ein, Junge, schließ zu.« Und er ergriff meine Hand und drückte sie fest, und dieser Dank war aufrichtig. Ich drehte den Schlüssel um, ging hinab und setzte mich an den Tisch, auf dem meine Hefte lagen. Ich schlug ein Heft auf und versuchte zu lesen, als ich schon die Schritte auf den Steinplatten der Terrasse hörte.

Er kam zurück, vorzeitig; von Ungeduld und Liebe gedrängt, kam er viel früher zurück, als ich angenommen hatte, und bevor er noch bei mir war, hörte ich die gütige Stimme fragen: »Waren sie alle brav?« Und ohne meine Antwort abzuwarten, schlich er, mit Schal und Mantel, nach oben. Ich hörte ein Schloß klicken, hörte es nach einer Weile wieder, und jetzt kam er den Gang herab, überwältigt von Glück, kam am Zimmer des Alten vorbei und über die Treppe zu mir. Er legte die kurze, fleischige Hand auf meinen Arm, seufzte inständig vor Freude und sagte: »Sie schlafen in ihrem kleinen Bett«, und als Höflichkeit mir gegenüber: »Sie waren doch alle brav, meine Lieben?«

»Ja«, sagte ich, »sie waren alle brav.«

Das war im Juni, vor einem der vielen Gewitter. Mein Alter stand unten am Fluß und mähte die Uferböschung, mähte, während eins der heftigen Gewitter heraufzog und der Fluß 'schwarz wurde und die Krähen von den Pappeln aufflogen. Er sah sich nicht um, er schaute nicht auf den Fluß und auf den Himmel; er stand barfuß im Wasser und mähte mit scharfem Zug die Böschung hinauf, riß mit der Spitze der Sense nach, arbeitete sich weiter vor gegen das Schilf, Schritt für Schritt. Wenn mein Alter arbeitete, dann arbeitete er, und es gab nichts in der Welt, das ihn abhalten oder unterbrechen konnte.

Er war schon alt, und er war nicht besonders groß und imponierend: sein Gang war schleppend, der Kopf immer schräg gelegt, ein runder, kurzgeschorener Kopf, und sein Rücken war schon ein wenig gekrümmt. Er arbeitete ohne das Fauchen und Zischen, das bei Noah Tisch unablässig zu hören war, bei seinem großen, schwachsinnigen Knecht, der jedesmal noch stöhnte und ächzte, als ob er unter Dampf stünde. Wenn mein Alter arbeitete, dann bemerkte er nichts anderes auf der Welt. Er bemerkte auch den Mann nicht, der in jenem Juni vor dem Gewitter den kleinen Weg heraufkam, den weichen Weg, der von selbst neben dem Fluß entstanden war, erlaufen von Füßen, die geduldig nach einem Übergang gesucht, jede Biegung sorgfältig ausgeschritten hatten, lange bevor die Holzbrücke gebaut worden war. Diesen Weg kam der Mann herauf, er war klein und mager und steckte in einem schwarzen Tuchanzug, ich hatte ihn nie vorher gesehen. Er sah sich einmal nach dem Gewitter um, aber er beschleunigte nicht seine Schritte, er ging weiter auf dem schwarzen Torfweg entlang bis zur Uferböschung, wo mein Alter mähte. Genau über ihm blieb er stehen, und es sah aus, als warte er darauf, daß mein Alter seine Arbeit unterbräche, aber mein Alter stammte aus Sunowo, und die Leute in Sunowo unterbrachen ihre Arbeit nur, wenn sie essen mußten oder schlafen oder überhaupt Schluß machen.

Und mein Alter mähte weiter, während der Mann über ihm stand, er unterbrach seine Arbeit nicht, schaute nicht einmal auf, und da bückte sich der Mann überraschend und glitt die Böschung hinab zu meinem Alten: jetzt konnte ich sie nicht mehr sehen.

Ich saß auf dem Sandhaufen am Schuppen, den Noah Tisch ständig vergrößerte, er karrte schon den ganzen Tag, und ich saß oben und grub eine Festung in den kühlen, frischen Sand, und Noah nahm jedesmal Anlauf mit der Karre, raste über das wippende Brett und lachte sein sanftes, irres Lachen, wenn er die Karre vor meiner Festung umstürzte. Vom Sandhaufen konnte ich weit über das Feld sehen und über den Fluß bis zur alten Windmühle, ich konnte auch meinen Alten sehen bei der Arbeit, zumindest seinen Rücken und den runden, kurzgeschorenen Kopf. Aber jetzt war nichts mehr von ihm zu erkennen. Ich hörte auf zu graben und stemmte mich gegen den Schuppen und sah zur Uferböschung, und dann kam Noah über das wippende Brett gerast, und als er mich in dieser Stellung bemerkte, stellte er sich ebenfalls hin und blickte hinunter.

Noah war so groß, daß er bis zum Teerdach des Schuppens reichte, er war immer gutmütig und freundlich, er lachte ständig sein sanftes, irres Lachen, doch er besaß eine so fürchterliche Kraft, daß es einen schaudern konnte. Noah hatte schon als Kind für meinen Alten gearbeitet, drüben auf den trockenen Feldern von Sunowo, sie hatten gesät zusammen und gerodet und geerntet, und Noah liebte meinen Alten mehr als alles auf der Welt und war bei ihm geblieben, als sie das Haus verlassen mußten und die trockenen Felder von Sunowo, am Ende des großen Krieges. So stand er neben mir: aufgerichtet und schnell atmend und mit kleinen, geröteten Augen; ich spürte, daß auch er gespannt war, ich sah das Mißtrauen in seinem Blick, sah, wie sein Lachen breiter wurde und starrer, und ich fürchtete mich vor ihm. Ich ängstigte mich vor ihm, wie ich mich seit je geängstigt hatte vor diesem Mann, wenn sein Lachen breiter und starrer wurde, wenn der Ausdruck seines milden Irrsinns verschwand und sein Kopf zu nicken begann, dieser mächtige, schwere, tragische Kopf. Niemand wußte, was dies breite Lachen und das Nicken des Kopfes ankündigte: eine tumultuarische Wut oder eine ebenso tumultuarische Zärtlichkeit.

Ich beobachtete mit Noah die Uferböschung, wir starrten hinüber zu der Stelle, wo am schwarzen Wasser, unter dem

46

schnell und heftig heraufziehenden Gewitter, die beiden Männer sich befinden mußten, und Noah war so gebannt, daß er das Rad der Schubkarre, das sich immer noch langsam drehte, mit dem Fuß anhielt.

Aber da kam der schwarze, magere Mann schon wieder herauf, blickte nach dem Gewitter und ging, von einem Windstoß getroffen, den Weg zur Holzbrücke, eilig jetzt und sich vom Wind treiben lassend. Wir standen und blickten ihm nach, und bald darauf erschien auch mein Alter über der Uferböschung, er wuchs langsam hervor gegen den Gewitterhimmel, mit schräggelegtem Kopf, die Sense über dem Rücken, am Gürtel den Wetzstein; er kam herauf mit seinen langen, schleppenden Bewegungen, schleifte durch das Gras, um den Schlamm von den Füßen loszuwerden, und dann blickte er auf und kam ruhigen Schritts heran.

Wir gingen ihm nicht entgegen. Wir blieben am Schuppen und warteten, und als er bei uns war, legte er die Sense hin und trat zu uns, und er sah Noah an und mich und dann die Festung, die ich in den frischen, kühlen Sand gegraben hatte, eine Festung, die ihre Mauer hatte und ihren Graben und den nötigen, schmalen Zugang. Er sah lange auf meine Festung hinab, und plötzlich bewegte sich sein rechter Fuß, glitt über den Sand und bohrte sich tief und kraftvoll in eine Mauer, und unversehens hob er den Fuß, langsam zunächst, so daß ein breiter Riß entstand, dann hob er ihn weiter, und ein Teil der Sandmauer blieb auf seinem Spann liegen, rieselte an den Seiten herab, bis auf einen Rest, den er mit einer kurzen Bewegung fortschleuderte. Noah lachte leise, und mein Alter holte mehrmals sorgfältig aus, und während er zuschlug und zerstörte, was ich gegraben hatte, suchte ich seinen Blick. Er wich mir nicht aus, ich sah in seine hellen, tiefliegenden Augen, ich tat es schweigend und fassungslos, und ich bemerkte, daß er von Schmerz erfaßt war, während er die Festung zerstörte. Und nachdem er alles zertreten hatte: die Mauern, den Zugang und die flachen Ecktürme, an denen noch Spuren meiner Hände zu erkennen waren, nachdem alles verschwunden und versunken war, gab er mir die Hand. Ich schaute ihn erschrocken an, denn mein Alter hatte mir nie die Hand gegeben, oder er hatte sie mir doch nie so gegeben wie jetzt: mit solchem Ernst, mit solcher Plötzlichkeit und solchem Ausdruck von Schmerz; ich sah seine große braune Hand vor meinen Augen, sie war geöffnet, sie zitterte ein wenig, sie war so nah, daß ich die kleinen Brandnarben auf den Fingerkuppen erkennen konnte, und da ergriff ich sie mit beiden Händen.

»Jungchen«, sagte mein Alter langsam, »Jungchen.«

Ich blickte auf, blickte in sein unrasiertes Gesicht, und er nickte und sagte in seinem breiten, bedächtigen und rollenden Tonfall: »Die Festung war man zu leicht, Jungchen. Da hätten wir nich lange können bleiben in so'ner Festung. Aber is man gut, daß du gelernt hast, wie so'n Ding sein muß und was dazu gehört. Und für Noah is vielleicht auch nich schlecht, daß er zugesehen hat bei alledem, dann wird er jetzt Bescheid wissen.«

Er wandte sich ab und ging zum Haus hinüber, und Noah und ich folgten ihm, während ein Schwarm Krähen unmittelbar über uns in den Wind hineinstieß, von einer Bö erfaßt und weit und unbarmherzig über die Felder geworfen wurde, plötzlich pfeilschnell niederfuhr zur Erde und verschwand. Wir gingen nacheinander ins Haus, mein Alter zuerst, dann Noah und ich zum Schluß. Wir betraten schweigend die niedrige Stube, und ich nahm Holz aus dem Kasten und machte Feuer im eisernen Herd. Der Wind jagte durch den Herd und den Abzug, das Feuer zog gut durch, und ich setzte die Pfanne auf und schnitt eine Menge Speck hinein und beobachtete meinen Alten: er hockte brütend am Fenster und sah hinaus, er sah über das flache, traurige Land unter dem Gewitter, und er war zusammengesunken dabei und rührte sich nicht. Sein sinnierender Blick ruhte auf dem Land, das sie ihm gegeben hatten; sie hatten es ihm übertragen, als er am Ende des großen Krieges die Felder von Sunowo verlassen mußte und mit seinem Wagen quer durch das ganze Land gefahren war und dann hinauf in den Norden. Hier, unter dem weiten Himmel, in all der Weglosigkeit und Verlorenheit, bekam er das neue Land, auf dem einst Pioniere ausgebildet worden waren, Übungsland, Versuchsland, Todesland, doch gleich nach dem Kriege hatten sie keine Verwendung mehr für Pioniere und teilten das Land unter Neubauern. Mein Alter nahm das Land, das sie ihm gegeben hatten, er nahm es unter den Pflug und arbeitete, als habe er nur Mittagspause gemacht und als setze er nur fort, was er in Masuren, auf den sandigen Feldern von Sunowo, hatte liegenlassen. Er arbeitete mit der Dringlichkeit eines Anrufs, eines Anrufs, der ihn aus der Jahreszeit erreichte: das Frühjahr gab ihm zu verstehen, was zu tun sei – die milden, salzigen Winde von der Küste, das schießende Schilf und der schwarze, scharf unter der Sonne funkelnde Torfboden, und mein Alter und Noah nahmen den Anruf auf und fingen an. Es war eine Verzweiflungsarbeit, und wenn sie nach Hause kamen, still und erledigt, dann glaubte ich manchmal, mein Alter werde es nicht durchhalten, er werde das Land wieder aufgeben, das so lange keinen Pflug gesehen hatte und verwachsen war und verwuchert und ungelockert. Aber sie hatten es ihm für neunundneunzig Jahre angeboten, und er hatte das Land für neunundneunzig Jahre übernommen: daran hielt er sich, mein Alter, der Neusiedler.

Ich dachte daran, während ich den Speck in die Pfanne schnitt, und ich dachte an die Stiefel der Pioniere, die dieses Land vernarbt hatten, an ihre Rufe und Kommandos, unter denen sie immer wieder und immer schneller ihre Pontons an den Fluß geschleppt hatten und Brücken zur Übung geschlagen und zur Übung wieder abgerissen hatten. Ich dachte an die Flügelminen, die sie zur Übung abgeschossen hatten, und die der Pflug jetzt manchmal hochbrachte, und vor allem dachte ich an meinen Alten, der über dieses Land gegangen war und alle Spuren und Erinnerungen weggepflügt hatte, Tag für Tag unter dem tiefen Horizont hier im Norden.

Zu diesem Horizont sah er jetzt, während er versunken und bewegungslos am Fenster saß, er blickte teilnahmslos in das Gewitter, das sich schnell entlud und weiterzog in einem Bogen zur Küste.

Der Speck, lange, glatte Streifen, war ausgelassen, Noah brachte den Korb mit den Eiern, ich zerschlug die Eier am Rand der Pfanne und briet sie; dann machte ich Kaffee und schnitt von dem großen Brot ab und brachte alles auf den Tisch. Und nachdem ich die Eier aufgeteilt hatte, begannen wir zu essen: Noah nahm die Mütze ab und kaute und schluckte und brach sich vom Brot ab, und es war ein Leuchten in seinem Gesicht, als er aß. Auch das Gesicht meines Alten war offener und freier, auch in seinem Gesicht lag ein kleines, leichtes Glück, als er Brocken von dem schweren Brot abbrach und sie mit Speck und Eiern in den Mund schob und dazu den heißen Kaffee trank. Ich hörte Noah seufzen und stöhnen unter der unendlichen und belebenden Wohltat des Essens, ich sah ihm zu, wie seine große Hand einen Brotbrocken in den Teller drückte und alle Spuren von Fett auftunkte, sorgfältig und genußvoll, und mein Alter tat es ihm nach. Ich spürte ihre wunderbare Gier, ich spürte die Wärme des Essens und die weiche, wohlige Müdigkeit, die es hervorrief, und ich empfand zum ersten Male die räuberische Schönheit des Essens: die geöffneten Lippen, das Brechen, das Mahlen.

Wir tranken den Kaffee aus großen Tassen und schwiegen, wir schwiegen, weil wir wußten, daß etwas gesagt werden mußte und daß das, was zu sagen war, nur von meinem Alten kommen konnte. Aber mein Alter sagte nie etwas, das halb und unbedacht war und das er nicht zu Ende gekaut hatte – was immer er in seinem runden, kurzgeschorenen Schädel bewegte, das wurde langsam und mit ungeheurer Ausdauer bewegt; mein Alter war ein großer Grübler, der tagelang darüber brüten konnte, ob er ein paar Nägel kaufen sollte oder eine Rolle Draht; das füllte ihn aus, wie es schon seinen Großvater ausgefüllt hatte und überhaupt alle Leute von Sunowo. Und während wir den Kaffee tranken, blickten wir ihn erwartungsvoll an.

Aber wir mußten warten, bis das Gewitter vorbei war, dann erst begann er zu reden, und er sagte, ohne uns anzusehen: »Jetzt wer'n sie zurückkommen, Jungchen. Die Pioniere wer'n wiederkommen auf das Land. Sie woll'n den Vertrag kündigen und uns runtersetzen, weil sich die Pioniere hier so wohl gefühlt haben und jetzt wieder gebraucht wer'n. Aber wir wer'n nich gehn, Jungchen. Jetzt haben wir gepflügt, und wir bleiben neunundneunzig Jahre hier. Da wird uns keiner nich runterkriegen.«

Noah lachte sein mildes, irres Lachen, und mein Alter stand auf und ging auf den Hof hinaus. Er ging gebückt gegen den Wind, der böig in den Hof einfiel, verschwand hinter dem Schuppen, und ich stellte die Pfanne weg und die Teller und das Brot. Als ich aus dem Keller raufkam, war auch Noah verschwunden, er war nicht in seiner Kammer, saß nicht am Feuer, wo er immer saß, auch die Scheune war geschlossen.

Ich ging hinaus auf den Hof, und in diesem Augenblick kamen die Männer hinter dem Schuppen hervor: Noah schleppte eine Rolle Stacheldraht, und mein Alter trug einen Pfahl, an dem er den Draht entrollte und zur Scheune hinüberzog und dort festklopfte. Dann zogen sie eine zweite Drahtlinie, stürzten das Wrack eines Fuhrwerks um und bauten aus ungeschnittenem Kiefernholz eine Deckung, und während sie das alles taten, hörte ich sie murmeln und leise lachen, und mein Alter lachte wie Noah Tisch.

Jetzt entdeckte Noah mich, er gab mir ein Zeichen mit der Hand, hinter den Schuppen zu gehen; es war ein schneller, geheimnisvoller Wink, den er mir gab, und ich folgte ihm und ging langsam herum. Die Kuppe des Sandhaufens war eine einzige große Festung, die Wälle eilig emporgezogen, ohne Zugang diesmal, und die Gräben in dem feuchten Sand waren breit und tief. Die Türme der Sandfestung nur angedeutet – wie eine Aufforderung, sie zu vollenden –, der Innenplatz schief und uneben: die ganze Festung hatte etwas Gewaltsames, schnell Entworfenes, und ich kniete mich hin und begann mit beiden Händen zu graben. Ich ließ den Entwurf bestehen, ich vollendete nur, was Andeutung geblieben war, und plötzlich stand mein Alter vor mir, sah auf mich herab und lächelte wie Noah.

»Jungchen«, sagte er, »siehst, Jungchen, in so'ner Festung können wir bleiben. Jetzt können wir ruhig warten auf die Pioniere. Jetzt ist deine Festung man so gut wie unsere, die Noah und ich gebaut haben. Noah hat sich schon eingenistet mit dem Kaninchengewehr. Jetzt, Jungchen, können wir warten.«

Eine klare, saubere Stimme bat im Lautsprecher um Ruhe für den Start, und es wurde schnell still im Stadion. Es war eine grausame Stille, zitternd und peinigend, und selbst die Verkäuferinnen in den gestärkten Kitteln blieben zwischen den Reihen stehen. Alle sahen hinüber zum Start des 5000-Meter-Laufes; auch die Stabhochspringer unterbrachen ihren Wettkampf und legten die Bambusstangen auf den Rasen und blickten zum Start. Es war nicht üblich, daß man bei einem 5000-Meter-Lauf um Ruhe für den Start bat, man tat das sonst nur bei den Sprintstrecken, aber diesmal durchbrachen sie ihre Gewohnheit, und alle wußten, daß ein besonderer Lauf bevorstand.

Sechs Läufer standen am Start, standen gespannt und bewegungslos und dicht nebeneinander, und es war so still im Stadion, daß das harte Knattern des Fahnentuchs im Wind zu hören war. Der Wind strich knapp über die Tribüne und fiel heftig in das Stadion ein, und die Läufer standen mit gesenkten Gesichtern und spürten, wie der Wind ihren Körpern die Wärme nahm, die die Trainingsanzüge ihnen gegeben hatten.

Die Zuschauer, die in der Nähe saßen, erhoben sich; sie standen von ihren Plätzen auf, obwohl der Start völlig bedeutungslos war bei einem Lauf über diese Distanz; aber es zog sie empor von den feuchten Zementbänken, denn sie wollten ihn jetzt wiedersehen, sie wollten ihn im Augenblick des Schusses antreten sehen, sie wollten erfahren, wie er loskam. Er hatte die Innenbahn gezogen, und er stand mit leicht gebeugtem Oberkörper da, das rechte Bein etwas nach vorn gestellt und eine Hand über dem Schenkel. Er war der älteste von den angetretenen Läufern, das sahen sie alle von ihren Plätzen, er war älter als alle seine Gegner, und er hatte ein ruhiges, gleichgültiges Gesicht und eine kranzförmige Narbe im Nacken: er sah aus, als ob er keine Chance hätte. Neben ihm stand der Marokkaner, der für Frankreich lief, ein magerer, nußbrauner Athlet mit stark gewölbter Stirn und hochliegenden Hüften, neben dem Marokkaner standen Aimo und Pörhöla, die beiden Finnen, und dann kam Bo-

ritsch, sein Landsmann, und schließlich, ganz außen, Drouineau, der mit dem Marokkaner für Frankreich lief. Sie standen dicht nebeneinander in Erwartung des Schusses, und er
sah neben dem Marokkaner schon jetzt müde und besiegt
aus; noch bevor der Lauf begonnen hatte, schien er ihn verloren zu haben.

Manche auf den Bänken wußten, daß er schon über dreißig
war, sie wußten, daß er in einem Alter lief, in dem andere
Athleten längst abgetreten waren, aber bei seinem Namen
waren sie gewohnt, an Sieg zu denken. Sie hatten geklatscht
und geklatscht, als sie durch den Lautsprecher erfahren hatten, daß er in letzter Minute aufgestellt worden war; man
hatte seinetwegen einen jüngeren Läufer vom Start zurück-
gezogen, denn der Gewinn des Länderkampfes hing jetzt nur
noch vom Ausgang des 5000-Meter-Laufes ab, und man hatte
ihn, den Ersatzmann, geholt, weil er erfahrener war und
taktisch besser lief, und weil man sich daran gewöhnt hatte,
bei seinem Namen an Sieg zu denken.

Der Obmann der Zeitnehmer schwenkte am Ziel eine kleine weiße Fahne, der Starter hob die Hand und zeigte, daß
auch er bereit sei, und dann sagte er mit ruhiger Stimme
»Fertig« und hob die Pistole. Er stand einige Meter hinter
den Läufern, ein kleiner, feister Mann in hellblauem Jackett;
er trug saubere Segeltuchschuhe, und er hob sich, während
er die Pistole schräg nach oben richtete, auf die Zehenspitzen;
sein rosiges Gesicht wurde ernst und entschlossen, ein Zug
finsterer Feierlichkeit glitt über dieses Gesicht, und es sah
aus, als wolle er in dieser gespannten Stille der ganzen Welt
das Kommando zum Start geben. Er sah auf die Läufer, sah
auf ihre gebeugten Nacken, er sah sie zitternd unter den
Stößen des Windes dastehen, und er dachte für einen Augenblick an die Zeit, als er selber im Startloch gekauert hatte,
einer der besten Sprinter des Kontinents. Er spürte, wie in
der furchtbaren Sekunde bis zum Schuß die alte Nervosität
ihn ergriff, die würgende Übelkeit vor dem Start, von der er
sich nie hatte befreien können, und er dachte an die Erlösung,
die immer erfolgt war, wenn er sich in den Schuß hatte fallen
lassen. Er schoß, und der Wind trieb die kleine, bläuliche
Rauchwolke auseinander, die über der Pistole sichtbar wurde.

Die Läufer kamen gut ab, sie gingen schon in die Kurve,
und an erster Stelle lief er, lief mit kurzen, kraftvollen Schrit-

ten, um sich gleich vom Feld zu lösen. Hinter ihm lag der Marokkaner, dann kamen Boritsch und Drouineau, und die Finnen bildeten den Schluß. Seine rechte Hand war geschlossen, die linke offen, er lief schwer und energisch, mit leicht auf die Seite gelegtem Kopf, er ließ den Schritt noch nicht aus der Hüfte pendeln, sondern versuchte erst, durch einen Spurt freizukommen, und er hörte das Brausen der Stimmen, hörte die murmelnde Bewunderung und die Sprechchöre, die gleich nach dem Schuß eingesetzt hatten und jetzt wie ein skandiertes Echo durch das Stadion klangen. Über sich hörte er ein tiefes, stoßartiges Brummen, und er wußte, daß es der alte Doppeldecker war, und während er lief, fühlte er den Schatten des niedrig fliegenden Doppeldeckers an sich vorbeiflitzen, und dann den Schatten des Reklamebandes, mit dem der Doppeldecker seit einigen Stunden über dem Stadion kreiste. Und in das Brummen hinein riefen die Sprechchöre seinen Namen, die Sprechchöre sprangen wie Fontänen auf, hinter ihm und vor ihm, und Fred Holten, der älteste unter den Läufern, lief die Zielgerade hinunter und lag nach der ersten halben Runde acht Meter vor dem Marokkaner. Der Marokkaner lief schon jetzt mit langem, ausgependeltem Schritt, er lief mit Hohlkreuz und ganz aus der Hüfte heraus, und sein Gesicht glänzte, während er ruhig seine Bahn zog.

Vom Ziel ab waren noch zwölf Runden zu laufen; zwölfmal mußten die Läufer noch um die schwere, regennasse Bahn. Die Zuschauer setzten sich wieder auf die Bänke, und die Verkäuferinnen mit den Bauchläden gingen durch die Reihen und boten Würstchen an und Limonade und Stangeneis. Aber die Stimmen, mit denen sie ihr Zeug anboten, klangen dünn und verloren, sie riefen hoffnungslos in diese Einöde der Gesichter hinein, und wenn sich gelegentlich einer der Zuschauer an sie wandte, dann nur mit der Aufforderung, zur Seite zu treten.

Im Innenraum der zweiten Kurve nahmen die Stabhochspringer wieder ihren Wettkampf auf, aber er wurde wenig beachtet; niemand interessierte sich mehr für sie, denn die deutschen Teilnehmer waren bereits ausgeschieden, und es erfolgte nur noch ein einsames Stechen zwischen einem schmächtigen, lederhäutigen Finnen und einem Franzosen, die beide im ersten Versuch dieselbe Höhe geschafft hatten und nun den Sieger ermittelten. Sie ließen sich Zeit dabei und zogen nach jedem Sprung ihre Trainingsanzüge an, machten Rollen auf dem feuchten Rasen und liefen sich warm.

Fred ging mit sicherem Vorsprung in die zweite Kurve, er brauchte den Vorsprung, denn er wußte, daß er nicht stark genug war auf den letzten Metern; er konnte sich nicht auf seinen Endspurt verlassen, und darum lief er von Anfang an auf Sieg. Er ging hart an der Innenkante in die Kurve hinein, und sein Schritt war energisch und schwer. Er lief nicht mit der Gelassenheit des Marokkaners, nicht mit der federnden Geschmeidigkeit der Finnen, die immer noch den Schluß bildeten, er lief angestrengter als sie, kraftvoller und mit kurzen, hämmernden Schritten, und er durchlief auch die zweite Kurve fast im Spurt und lag auf der Gegengeraden fünfzehn Meter vor dem Marokkaner.

Als er am Start vorbeiging, hörte er eine Stimme, und er wußte, daß es die Stimme von Ahlborn war; er sah ihn an der Innenkante auftauchen, sah das unruhige Frettchengesicht seines Trainers und seinen blauen Rollkragenpullover, und jetzt beendete er den ersten Spurt und pendelte sich ein.

›Es ist gut gegangen‹, dachte Fred, ›bis jetzt ist alles gut gegangen! Nach zwei Runden kommt der erste Zwischenspurt, und bis dahin muß ich den Vorsprung halten. El Mamin wird jetzt nicht aufschließen; der Marokkaner wird laufen wie damals in Mailand, er wird alles in den Endspurt legen.‹

Auch Fred lief jetzt aus der Hüfte heraus, sein Schritt wurde ein wenig leichter und länger, und sein Oberkörper richtete sich auf. Er kam sich frei vor und stark, als er unter dem Rufen der Sprechchöre und dem rhythmischen Beifall in die Kurve ging, und er hatte das Gefühl, daß der Beifall ihn trug und nach vorn stieß, – der prasselnde Beifall ihrer Hände, der Beifall der organisierten Stimmen in den Chören, die seinen Namen riefen und ihn skandiert in den Wind und in das Brausen des Stadions schrien, und dann der Beifall der Einzelnen, die sich über die Brüstung legten und ihm winkten und ihm ihre einzelnen Schreie hinterher schickten. Sein Herz war leicht und drückte nicht, es machte noch keine Schwierigkeiten, und er lief für ihren Beifall, lief und empfand ein heißes, klopfendes Gefühl von Glück. Er kannte dieses Gefühl und dieses Glück, er hatte es in hundert Läufen gefunden, und dieses Glück hatte ihn verpflichtet und auf die Folter genommen, es hatte ihn stets bis zum Zusammenbruch laufen lassen, auch dann, wenn seine Gegner überrundet und geschlagen waren; er war mit einer siedenden Übelkeit im Magen weitergelaufen, weil er wußte, daß er auch gegen alle abwesenden Gegner und gegen die Zeit lief, und jeder seiner Läufe hatte in den letzten Runden wie ein Lauf ums Leben ausgesehen.

Fred sah sich blitzschnell um, er wußte, daß es ihn eine Zehntelsekunde an Zeit kostete, aber er wandte den Kopf und sah zu dem Feld zurück. Es hatte sich nichts verändert an der Reihenfolge, der Marokkaner lief lauernd und mit langem Schritt, hinter ihm lagen Boritsch und dann der zweite Franzose und zum Schluß die beiden Finnen. Auch die Finnen waren schon ältere Läufer, aber keiner von ihnen war so alt wie Holten, und Fred Holten wußte, daß das sein letzter Lauf war, der letzte große Lauf seines Lebens, zu dem sie ihn, den Ersatzmann, nur aufgestellt hatten, weil der Gewinn des Länderkampfes vom Ausgang des 5000-Meter-Laufes abhing: sie hätten ihn nicht aufgestellt, wenn die Entscheidung des Dreiländerkampfes bereits gefallen wäre.

Er verspürte ein kurzes, heftiges Zucken unter dem linken Auge, es kam so plötzlich, daß er das Auge für eine Sekunde schloß, und er dachte: ›Jesus, nur keine Zahnschmerzen. Wenn der Zahn wieder zu schmerzen beginnt, kann ich aufgeben, dann ist alles aus. Ich muß den Mund schließen, ich muß die Zunge gegen den Zahn und gegen das Zahnfleisch drücken, einen Augenblick, wenn nur der Zahn ruhig bleibt. ‹ Und er lief mit zusammengepreßtem Mund durch die Kurve und wieder auf die Zielgerade unter der Tribüne, und der Zahnschmerz wurde nicht schlimmer.

An der Kurve hinter dem Ziel hing ein großes, weißes Stoffplakat, unter dem mächtig der Wind saß; es war ein Werbeplakat, und die Buchstaben waren schwarz und dickbäuchig und versprachen: Mit Hermes-Reifen geht es leichter. Fred sah das riesige Stoffplakat wie eine Landschaft vor sich auftauchen, es bauschte sich ihm entgegen, und als er einmal schnell den Blick hob und auf den oberen Rand des Plakates sah, erkannte er das lange strohige Haar von Fanny. Und neben ihrem Haar erkannte er den grünlichen Glanz eines Ledermantels, und er wußte, daß es der Mantel von

Nobbe war, und während er hart die Kurve anging, fühlte er sich unwiderstehlich hinausgetragen aus dem Stadion; er lief jetzt ganz automatisch, lief mit schwingenden Schultern und überließ die Kontrolle des Laufs seinen Beinen, und dabei trug es ihn hinaus aus dem Stadion. Er sah, obwohl er längst in der Kurve war, immer noch das Gesicht von Fanny vor sich, ein spöttisches, wachsames Gesicht unter dem strohigen Haar, und neben diesem Gesicht den Korpsstudentenschädel von Nobbe, sein kurzes, mit Wasser gekämmtes Haar, sein gespaltenes Kinn und den fast lippenlosen Mund. Und während er ganz automatisch lief, pendelnd jetzt und mit langem Schritt, sah er die Gesichter immer mehr auf sich zukommen, sie wurden groß und genau und bis auf den Grund erkennbar, und es war ihm, als liefen die Gesichter mit ... er sah das mit Mörtel beworfene Haus und dachte an die Schienen hinter dem Haus und an den Hafen, der damals still und verlassen war und voll von Wracks. Dahin ging er, als er aus der Gefangenschaft kam. Er ging den Kai entlang auf das Haus zu und sah hinab auf das Wasser, das an den Duckdalben hochschwappte und schwarz war, und im Wasser schwammen verfaulte Kohlstrünke, Dosen und Kistenholz. Es war niemand auf dem Kai außer ihm, und es roch stark nach Öl und Fäulnis und nach Urin. Hier auf dem Kai drehte er sich aus Kippen die letzte Zigarette, er rauchte sie zur Hälfte, schnippte sie ins Wasser, und dann sah er zu dem Haus hinüber und verließ den Kai. Er ging unter verrosteten Kränen hindurch, die von den Laufschienen heruntergerissen waren; sie lagen verbogen und langhalsig auf der Erde, und ihre Sockel waren unten weggespreizt wie die Beine einer trinkenden Giraffe. Dann ging er zu dem Haus. Es stand für sich da auf einem Hügel, und man konnte von ihm über den ganzen Hafen sehen und über den Strom. Hinter dem Haus liefen Schienen; vor dem Haus wuchs ein einzelner Birnbaum, der Birnbaum war klein und alt und blühte.

Fred ging den Hügel hinauf und betrat das Haus, es hatte keine Außentür, und er stand gleich im Flur. Er wollte sich umsehen, da entdeckte er über sich, auf der Treppe, das Gesicht des Jungen. Der Junge hatte ihn vom Fenster aus beobachtet, und jetzt lehnte er sich über das Geländer der Treppe zu ihm hinab und zeigte mit der Hand auf ihn und sagte:

»Ich weiß, wer du bist«, und dann lachte er.

»So«, sagte Fred, »wenn du mich kennst, dann weiß ich auch, wer du bist.«

»Rat mal, wie ich heiß«, sagte der Junge.

»Timm«, sagte Fred. »Wenn du mich kennst, kannst du nur Timm sein.« Und er lachte zu dem barfüßigen Jungen hinauf und nahm den Rucksack in die Hand und stieg die Treppen empor. Der Junge erwartete ihn und nahm ihm den Rucksack ab, Fred legte dem Jungen die Hand auf das blonde, verfilzte Haar, und beide gingen zu einer Tür.

»Hier ist es«, sagte der Junge, »hier kannst du reingehen.«

Fred klopfte und drückte die Tür nach innen auf, und ein Geruch von feuchten Fußabtretern strömte an ihm vorbei. Er blieb auf dem kleinen Korridor stehen, nahm dem Jungen den Rucksack aus der Hand und setzte ihn auf den Boden.

»Wir sind da«, flüsterte der Junge, »ich werde sie holen«; er verschwand hinter einer Tür, und Fred hörte ihn einen Augenblick flüstern. Dann kam er zurück, und hinter ihm tauchte eine Frau in einem großgeblümten Kittel auf, es war eine ältere Frau, schwer und untersetzt, mit einem mächtigen, gewölbten Nacken und geröteten Kapitänshänden. Sie hatte ein breites Gesicht, und ihr Kopf nickte bei jedem Schritt wie der Kopf einer Taube. Sie begrüßte Fred, indem sie ihm wortlos die Kapitänshand reichte, aber plötzlich wandte sie das Gesicht ab und ging nickend wieder in die Küche zurück, und Fred sah, daß die Alte weinte.

»Los«, sagte der Junge, »geh auch in die Küche. Sie wird dir Kaffee kochen.« Und als Fred zögerte, schob ihn der Junge über den Korridor und in die Küche hinein. Er schob ihn bis zu einem der beiden Hocker, dann ging er um ihn herum und stieß ihm beide Hände in den Bauch, so daß Fred einknickte und auf den Hocker fiel. »Gut«, sagte der Junge, »jetzt hol ich noch deinen Rucksack.«

Die Alte saß auf einem Hocker vor dem Herd, still und in sich versunken, sie saß bewegungslos da, und ihr Blick ruhte auf dem alten Birnbaum.

Fred sah sich schnell und vorsichtig in der Küche um, sah die Reihe der Näpfe entlang, die auf einem Bord standen, auf die Herdringe, die an einem Haken hingen, und schließlich blieb sein Blick an einem weinroten Sofa hängen, das in einer Ecke der Küche stand. Das Sofa war schäbig und durchgelegen, an einigen Stellen quoll das Seegras hervor, es war breit und hatte sanfte Rundungen, und Fred spürte, daß es ihn zu diesem Sofa zog.

»Da«, sagte der Junge, »da hast du deinen Rucksack«, und er schleifte den Rucksack vor Freds Füße.

Dann ging er zu der Alten hinüber, tippte ihr auf den gewölbten Nacken und sagte: »Koch ihm Kaffee, Mutter, koch ihm eine Menge Kaffee. Er hat Durst. Erst einmal soll er trinken.« Der Junge stieg auf das Sofa und holte eine Tasse vom Bord herab und stellte sie auf den Tisch. Dann setzte er sich neben dem Rucksack auf die Erde und sagte: »Wann wirst du den Rucksack auspacken?«

»Bald«, sagte Fred.

»Darf ich dann zusehen?«

»Ja.«

»Gut«, sagte der Junge, »das ist ein Wort.« Er begann den Stoff des Rucksackes zu betasten, und dabei blickte er fragend zu Fred auf. Plötzlich stand die Frau auf und zog einen Napf vom Bord herab, sie öffnete ihn und nahm eine Karte heraus, und mit der Karte ging sie auf Fred zu und sagte: »Da hab ich sie noch. Es ist die letzte, die ankam. Da haben Sie noch mit unterschrieben.«

»Ja«, sagte Fred, »ja, ich weiß.«

»Wie lange wird es dauern«, fragte die Frau, »sie werden ihn doch nicht ewig behalten. Er muß doch mal nach Hause kommen.«

»Sicher«, sagte Fred. »Wir waren bis zuletzt zusammen.« Und er dachte an das schmächtige Bündel unten am Donez, an den vergnügten, kleinen Mann, dem wenige Tage vor der Entlassung herabstürzende Kohle das Rückgrat zerschmettert hatte. Er dachte an Emmo Kalisch und an den Augenblick, als sie ihn mit zerschmettertem Rückgrat auf die Pritsche hoben, und er sah wieder das vergnügte, pfiffige Gesicht, in dem noch ein Ausdruck von List lag, als der Arzt zweifelnd die Schultern hob.

»Er wird es schon machen«, sagte Fred, »ich bin sicher, er wird bald nachkommen.«

»Ja«, sagte die Frau. »Er hat geschrieben, daß Sie bei uns wohnen werden. Sie können hier wohnen, Sie können auf dem Sofa schlafen.«

»Koch ihm Kaffee«, sagte der Junge. »Er soll erst trinken, dann wollen wir den Rucksack auspacken.«

»Du hast recht, Junge«, sagte die Alte, »ich werde ihm Kaffee kochen.«

Fred spürte nichts als eine große Müdigkeit, und er blickte sehnsüchtig zum Sofa hinüber, während die Frau den Napf wegsetzte und mit ruhiger Kapitänshand den Kessel auf das Feuer schob. »Er hat oft von Ihnen geschrieben«, sagte sie, ohne sich zu Fred umzudrehen. »Fast in jedem Brief hat er von Ihnen erzählt. Und er hat auch Bilder geschickt von Ihnen.«

»Ja«, sagte Fred und prüfte die Länge des Sofas und überlegte, ob er die Beine überhängen lassen oder sie anziehen sollte.

Die Müdigkeit wurde schmerzhaft, und nachdem er Kaffee getrunken hatte, schob er dem Jungen den Rucksack zu und sagte: »Du kannst ihn allein auspacken, Timm. Schütt ihn einfach aus. Und was du nicht brauchen kannst, gib deiner Mutter oder leg es auf die Fensterbank.«

Und dann rollte er sich auf dem weinroten Sofa zusammen und drehte sich zur Wand und schlief. Er schlief den ganzen Nachmittag und die Nacht und auch den späten Vormittag, und als er die Augen öffnete, sah er das große nickende Gesicht der Frau und die ruhigen Kapitänshände, die ihm Brot und Kaffee auf den Tisch stellten. »Wir haben nicht viel«, sagte sie, »aber im September sind die Birnen soweit.«

Fred blieb auf dem Sofa liegen. Er bröckelte sinnierend das Brot in sich hinein und trank bitteren Kaffee, dann drehte er sich zur Wand, zog die Beine an und schlief der nächsten Mahlzeit entgegen. Der Dampf aus den Töpfen zog sanft über ihn hinweg, und wenn er nicht schlief und dösend die Wand anstarrte, hörte er das Klappern von Geschirr hinter sich und das Rattern der Deckel, wenn das Wasser unter ihnen kochte.

Fred blieb auf dem schäbigen Sofa liegen, er blieb Tag um Tag da, und es sah aus, als werde er es nie mehr freigeben. Nur an den Sonntagen konnte Fred nicht schlafen, an den Sonntagen wehten ferne Schreie zu ihm in die Küche, und ein dumpfes Brausen von Stimmen, und er drehte sich weg von der Wand, starrte auf die Decke und lauschte. Jeden Sonntag lauschte er, und als der Junge einmal hereinkam, zog er ihn an das Sofa und sagte:

»Was ist das, Timm? Woher kommen die Stimmen?«

Und der Junge sagte: »Vom Sportplatz.«

»Bist du auch da?«

»Ja«, sagte der Junge, »ich bin immer da.«

Dann ließ Fred das Handgelenk des Jungen los und starrte wieder auf die Decke. Er lag dösend da, kaute das Essen in sich hinein und schien sich nicht mehr lösen zu können von dem weinroten Sofa. Aber eines Tages, an einem Sonntag, lange bevor das Brausen der Stimmen zu ihm hereinwehte, stand er auf und begann, sich über dem Ausguß zu rasieren. Er tat es mit so viel Sorgfalt, daß die Frau und der Junge erschraken und annahmen, er wolle sie verlassen. Er aß auch nichts an diesem Morgen, er trank nur eine Tasse Kaffee und stand auf, nachdem er sie getrunken hatte, und dann ging er ans Fenster und sagte:

»Wann gehst du, Timm?«

»Wir können gleich gehen«, sagte der Junge. Er war überrascht, und aus seiner Antwort klang Freude.

Sie gingen zusammen zum Sportplatz, es war ein kleiner, von jungen Pappeln umstandener Sportplatz, ohne Tribüne und abgestufte Plätze, die Aschenbahn war an der Außenkante weich und aus billiger Schlacke aufgeschüttet, und eine Menge glitzernder Brocken lagen auf ihr herum. Eine Walze lag in der Nähe, dicht vor der Umkleidekabine, aber sie war tief eingesunken in den Boden und zeugte davon, daß sie kaum gebraucht wurde. Der Rasen war dünn und schmutzig und vor den Toren von einer Anzahl brauner Flecken unterbrochen, die Fred an das durchgescheuerte Sofa in der Küche erinnerten. Er stützte sich auf das Geländer, das die Aschenbahn von den Zuschauern trennte, und sagte: »Na, alle Welt ist es nicht mit euerm Sportplatz.« Dann kletterten sie unter dem Geländer hindurch und betraten die Aschenbahn, sie standen einen Augenblick nebeneinander und blickten über das genaue Oval des Platzes, und die Sonne brachte die billige Schlacke zum Funkeln. Sie waren noch allein auf der Aschenbahn, und obwohl der Platz klein und schäbig war und ohne Tribüne, hatte er etwas Anziehendes, er hatte etwas von einem Veteranen mit seinen Narben und braunen Flecken und all den Wunden vergangener Kämpfe; überall waren Spuren, Kratzer und Löcher, und an der Innenkante der Aschenbahn war die Schlacke festgetreten und hart von den Sohlen der Langstreckler. Er war nicht gepflegt und frisiert wie die großen Stadien, auf denen nach jedem Wettkampf die Spuren emsig entfernt wurden. Mit diesem schäbigen Vorstadtplatz trieben sie keine Kosmetik; er sah narbenbedeckt und ramponiert aus und zeigte für die Dauer einer Trockenzeit all die Spuren der Siege und Niederlagen, die auf ihm erkämpft oder erlitten wurden. Das war der Platz zwischen den jungen, staubgepuderten Pappeln draußen am Hafen, schorfig und mitgenommen, ein Platz letzter Güte, und dazu stieß er mit einer Seite noch an eine Fischfabrik, von der auch am Sonntag ein scharfer Gestank herüberwehte.

Sie machten ein paar Schritte auf der Aschenbahn, und plötzlich hob der Junge den Kopf und sagte: »Du hast lange geschlafen, warst du so müde, daß du so lange geschlafen hast?«

»Ja«, sagte Fred, »ja, Junge. Ich war verdammt müde. Wenn man so müde ist, braucht man lange, bis man zu sich kommt.«

»Bist du immer noch müde?«

»Nein, jetzt nicht mehr. Jetzt bin ich wieder da.«

»Kannst du gut laufen?« fragte der Junge und kauerte sich hin.

»Ich weiß nicht«, sagte Fred. »Ich habe keine Ahnung, ob ich gut laufen kann. Ich hab das noch nicht ausprobiert.«

»Bist du noch nie gelaufen?«

»Doch, Junge«, sagte Fred, »ich bin eine Menge gelaufen. Durch die Täler des Kaukasus bin ich gelaufen und durch die Sonnenblumenfelder von Stawropol, ich bin, als sie mit ihren Panzern kamen, immer vor ihnen hergelaufen, über die Krim und durch die ganze Ukraine. Nur kurz vor dem Ziel, da schnappten sie mich. In den Sümpfen an der Weichsel, Junge, da holten sie mich ein, weil sie die bessere Lunge hatten. Ich war fertig damals, das war der Grund.«

Der Junge hörte ihm nicht zu, er stand, während Fred sprach, geduckt und in Laufrichtung, und als Fred jetzt zu ihm hinübersah, wandte er ihm blitzschnell das Gesicht zu und rief:

»Komm, hol mich ein!«

Und dann flitzte er barfuß an der Innenkante der Aschenbahn in die Kurve. Fred blickte den nackten Beinen nach, die über die Aschenbahn fegten und kleine Brocken der

Schlacke hochschleuderten, er sah das hingebungsvolle, verkrampfte Gesicht des Jungen, seine Verbissenheit, die heftig rudernden Arme, und er wußte, daß er den Jungen enttäuschen würde, wenn er nicht mitliefe. Timm war schon in der Mitte der Kurve, gleich würde er auf der Gegengeraden sein und herübersehen und dabei bemerken, daß ihm niemand folgte, und Fred lächelte und lief los. Er zuckelte gemächlich an der Innenkante entlang, immerfort zu dem Jungen hinübersehend, er lief lässig und mit langem Schritt und lachte über die verkrampfte Anstrengung seines Herausforderers, der immer weiter lief auf der Gegengeraden und den Lauf auf eine ganze Runde angelegt zu haben schien. Fred ließ ihm den Vorsprung bis zur zweiten Kurve, aber unvermutet, ohne daß er seinen Beinen einen Befehl gegeben hätte, begann er schneller zu laufen, das Lächeln verschwand aus seinem Gesicht, sein Schritt wurde energisch, und er hatte nur noch das Gefühl, daß er den Jungen einholen müßte. Mit jedem Meter, um den er den Vorsprung des Jungen verringerte, fühlte er sich glücklicher, es war ein unerwartetes Glück, das er verspürte, und er hatte jetzt nur noch den Wunsch, diesen Lauf zu gewinnen. Aus dem Jungen war plötzlich ein Gegner geworden, und Fred sah nicht mehr die wirbelnden Beine und die Verbissenheit des kleinen, sonnenverbrannten Gesichts, das ihn zum Lächeln gebracht hatte, er bemerkte nur noch, wie der Vorsprung zusammenschrumpfte, wie der Junge langsamer wurde und sich mit einem Ausdruck höchster Angst umsah, und die Angst im Gesicht des Jungen erhöhte Freds Geschwindigkeit. Dieser schnelle, ängstliche Blick zeigte ihm, daß der Junge ausgepumpt war und nur noch fürchtete, auf den letzten Metern überholt zu werden, und Fred sprintete durch die Kurve und fing den Jungen auf der Zielgeraden ab, wenige Schritte vor der Stelle, von der sie losgelaufen waren.

Der Junge setzte sich auf den Rasen und atmete heftig. Er sah ausgepumpt und fertig aus, und keiner sprach ein Wort, während er sich langsam erholte. Fred setzte sich auf das Geländer, er saß mit baumelnden Beinen da und beobachtete den Jungen. Er fühlte, daß etwas in ihm vorgegangen war, und er spürte noch immer das Glück dieses kleinen Sieges. Und nach einer Weile sprang er auf die Erde und ging zu dem Jungen hinüber. Er legte ihm eine Hand auf das blonde, verfilzte Haar und sagte: »Du warst gut, Junge, auf den ersten Metern warst du unerhört stark. Du hast mir allerhand zu schaffen gemacht. Wirklich, Junge, ich hatte eine Menge zu tun, bevor ich dich hatte. Du wirst noch mal ein guter Läufer.«

Der Junge hob den Kopf und blickte in Freds Gesicht. Fred lächelte nicht, und der Junge stand auf und gab ihm die Hand. »Macht nichts«, sagte er, »dafür bist du älter.«

Fred umarmte ihn, zog ihn an sich und fühlte den warmen Atem des Jungen durch das Hemd an seine Haut dringen. Dann gingen sie wieder hinter das Geländer, und jetzt sahen sie, daß sie nicht mehr allein waren auf dem Platz. Zwei Männer und ein Mädchen kamen die Aschenbahn herab, das blonde Mädchen ging zwischen ihnen, es hatte einen der Männer eingehakt. Der Mann, den das Mädchen eingehakt hatte, war blaß und schmalschultrig, er hatte einen Trainingsanzug an und trug ein Paar Nagelschuhe in der Hand, und sein Gesicht war verschlossen und zu Boden gesenkt. Der andere der Männer trug Zivil. Er war untersetzt und gut genährt und hatte einen Schädel wie ein Würfel. Als sie auf gleicher Höhe waren, rief Timm einen Gruß hinüber, und der Mann im Trainingsanzug sah erstaunt auf und rief einen Gruß zurück. Auch die anderen beantworteten den Gruß, aber sie nickten nur gleichgültig. Sie gingen hinüber zur Umkleidekabine, der Mann in Zivil schloß sie auf, und alle verschwanden darin.

»Das war Bert«, sagte der Junge. »Der im Trainingsanzug heißt Bert Steinberg. Er ist unser bester Läufer und gewinnt jedesmal. Ich hab noch nie gesehn, daß er verloren hat. Er ist der Beste im ganzen Verein.«

»Er sah gut aus«, sagte Fred, »er hat eine gute Läuferfigur.«

Fred sah hinüber zur Umkleidekabine, und plötzlich stand er auf und ging, ohne auf den Jungen zu achten, auf die braune Baracke mit dem Teerdach zu, und hier lernte er sie kennen. Er lernte Nobbe kennen, den gutgenährten Mann mit dem Korpsstudentenschädel, und kurz darauf Bert und auch Fanny, seine Verlobte.

Nobbe war Vorsitzender des Hafensportvereins, kein übler Mann, wie sich herausstellte; er war freundlich zu Fred und erklärte ihm, daß dieser Verein eine große Tradition habe, eine Läufertradition: Schmalz sei aus diesem Verein hervorgegangen, der große Schmalz, der Zweiter wurde bei den Deutschen Meisterschaften. Er selbst, Nobbe, habe früher in der Staffel gelaufen, viermal vierhundert, und sie hätten einen Preis geholt bei den Norddeutschen Meisterschaften. Dieser Verein pflege vor allem die Läufertradition, denn der Lauf, ob man nun wolle oder nicht, sei die älteste Sportart, das Urbild des Sports, und man könne wohl sagen, daß gerade wir Deutschen den abendländischen Sinn des Laufens verstanden hätten: Nobbe war Zahnarzt. Er freue sich, daß er Bert entdeckt habe, er sei ›gutes Material‹, und aus ihm ließe sich etwas machen. Aber er freue sich auch über jeden andern, der im Verein mitarbeiten wolle, und Fred sei, wenn er Lust habe, eingeladen.

»Wir geben eine Menge auf Läufertradition«, sagte er, »wir sind nicht viele, aber wir halten gut zusammen.« Nobbe gab ihm die Hand, und dann kam auch Bert über den Gang und gab ihm die Hand, und Fred sah, daß auch Fanny ihm zunickte. Sie wollten einen verschärften Trainingslauf machen an diesem Morgen, und nach einer Weile kamen auch noch ein paar andere Läufer in die Baracke, alle begrüßten sich und gingen dann in ihre Kabinen und machten sich fertig. Fred stand draußen auf dem Gang und hörte, wie sie sich unterhielten. Er hörte auch, daß sie von ihm sprachen, Nobbe erzählte ihnen, daß er mitmachen wolle, und als sie einzeln aus ihren Kabinen heraustraten, kamen sie zu ihm und gaben ihm die Hand. Es waren gesunde, aufgeräumte Jungen, nur Bert war scheu und blaß und ruhiger als sie. Zuletzt, als alle draußen waren, kam Nobbe zu Fred. Er legte ihm die Hand auf die Schulter und sagte:

»Haben Sie Freunde?«

»Nein«, sagte Fred, »ich habe keine Freunde.«

»Ein Mensch muß doch Freunde haben.«

»Ich hatte einen«, sagte Fred, »er ist weg.«

»Sie werden bald Freunde haben«, sagte Nobbe. »Die Jungen sind gut, Sie werden Augen machen. Wir tun alles für sie.«

»Glaub ich«, sagte Fred.

»Sie sind alle eine Klasse für sich, diese Jungen. Das Laufen verbindet. Wenn Männer zusammen laufen, dann verbindet sie das.«

»An welchen Tagen trainieren Sie?« fragte Fred.

»Zweimal in der Woche, wir trainieren am Dienstag und am Freitag. Und am Sonntag machen wir ein Extra-Training. Am Sonntag verschärftes Training, lange Strecke.«

»Ich weiß nicht«, sagte Fred, »wahrscheinlich gehe ich auf lange Strecke. Ich habe es noch nicht ausprobiert. Ich müßte es versuchen.«

»Noch nie gelaufen?«

»Nur auf dem Rückzug.«

»Das beste Training«, sagte Nobbe, »für einen Langstreckenläufer das beste Training.«

Er lachte und schob Fred in die Kabine, und dann gab er ihm eine Turnhose und warf ihm die Hallenschuhe von Bert zu und sagte: »Das erste Mal wird es auch mit Hallenschuhen gehen. Machen Sie schnell, die Jungen sind schon warm draußen. Bert hat seine Spikes. Er braucht die Hallenschuhe nicht.«

Fred zögerte, aber nach einer Weile zog er sich um und ging hinaus. Er spürte einen grausamen Druck in der Magengegend, als er ins Freie trat, und er sah, daß sie ihre Warmlaufübungen unterbrachen und ihn musterten. Sie hatten alle noch ihre Trainingsanzüge an, er war der einzige, der schon in der Turnhose dastand. Er hatte das Gefühl, daß seine Eingeweide gegen die Wirbelsäule gepreßt wurden, er hätte alles dafür gegeben, wenn er jetzt noch hätte aussteigen können, aber Nobbe rief sie nun alle an die Plätze, und es war zu spät.

Die famosen Jungen stellten sich an der Startlinie auf. Es waren auch ein paar Zuschauer da, die unruhig über dem morschen Holzgeländer hingen und ab und zu etwas herüberriefen, und plötzlich hörte Fred auch seinen Namen, und als er den Kopf zur Seite wandte, entdeckte er Timm. Er saß auf dem Geländer und lachte, und sein Lachen war hell und ermunternd.

Dann gab Nobbe das Zeichen zum Start, und sie liefen los. Der Lauf war auf dreitausend Meter angesetzt, eine Distanz, die bei Wettkämpfen nicht gelaufen wird, aber für einen Steigerungslauf, dafür war diese Strecke gut. Fred ging sofort an die Spitze, und schon nach vier Runden hatte er die famosen Jungen abgehängt, nur Bert ließ sich noch von ihm ziehen, aber ihn schüttelte er nach der fünften Runde ab, und dann wurde sein erster Lauf ein einsames Rennen für ihn, er lief leicht und regelmäßig, in einem Takt, den er nicht zu bestimmen brauchte, er spürte nicht seine Beine, nicht sein Herz, er spürte nichts auf der Welt als das Glück des Laufens, seine Schultern, die Arme, die Hüften: alles ordnete sich ein, diente dem Lauf, unterstützte ihn, und er gab keinen Meter an die Jungen ab, und als er durch das Ziel lief, blieb er stehen, als wäre nichts geschehen. Die zwei Dutzend Zuschauer krochen unter dem Geländer durch und starrten ihn ungläubig an, es waren Veteranen des Vereins, fördernde Mitglieder, und sie umkreisten und beobachteten ihn und taxierten seine Figur. Zwischen ihnen bahnte sich Timm mühevoll einen Weg, und als er Fred vor sich hatte, lief er auf ihn zu und schlang seine Hände um Freds Leib und hielt ihn fest.

Nobbe blickte auf die Stoppuhr, ging mit dem Zeigefinger über die Zahlenskala, zählte, und nachdem er die Zeit ausgerechnet hatte, kam er zu Fred und sagte:

»Gut. Das war eine saubere Zeit. Das war die beste Zeit, die bei uns gelaufen wurde. Ich habe nicht genau gestoppt. Aber die Zeit ist unverschämt gut. Um achtfünfzig.«

»Das ist nicht wichtig«, sagte Fred, »für mich ist das nicht entscheidend.«

Er entdeckte das blasse Gesicht von Bert und ging zu ihm, und Bert drückte ihm die Hand.

»Ich bin mit Ihren Schuhen gelaufen«, sagte Fred.

»Macht nichts«, sagte Bert.

»Vielleicht ging's darum so gut.«

»Ich hoffe, Sie bleiben bei uns.«

»Er wohnt bei uns«, rief Timm, »er ist ein Freund von meinem Bruder, und er schläft jetzt bei uns in der Küche.«

»Um so besser«, sagte Bert, »dann bleiben Sie wirklich bei uns. Ich würde mich freuen.« Und Fanny nickte . . .

An dies und an seine Anfänge damals im Hafensportverein dachte er, und jetzt waren noch genau vier Runden zu laufen, und Fred wußte, daß dies sein letzter Lauf war. Der Gewinn des Ländervergleichskampfs hing nur noch vom 5000-Meter-Lauf ab. Wer diesen Kampf gewann, hatte den Vergleichskampf gewonnen, daran konnte auch nichts mehr das Ergebnis bei den Stabhochspringern ändern.

Sie liefen immer noch in derselben Reihenfolge, der Marokkaner hinter ihm, und dann, dicht aufgeschlossen, Boritsch, Drouineau und die beiden Finnen. Das Stadion war gut zur Hälfte gefüllt, es waren mehr als zwanzigtausend Zuschauer da, und diese mehr als zwanzigtausend wußten, worum es ging, und sie schrien und klatschten und feuerten Fred an. In das Brausen ihrer Sprechchöre mischte sich das Brummen des alten Doppeldeckers, der in großen Schleifen Reklame flog, er kreiste hoffnungslos da oben, denn niemand sah ihn jetzt. Alle Blicke waren auf die Läufer gerichtet, mehr als vierzigtausend Augen verfolgten jeden ihrer Schritte, hängten sich an, liefen mit: es gab keinen mehr, der sich ausnahm, sie waren alle dabei; auch die, die auf den Zementbänken saßen, fühlten sich plötzlich zum Lauf verurteilt, auch sie kreisten um die Aschenbahn, hörten die keuchende Anstrengung des Gegners, spürten den mitleidlosen Widerstand des Windes und die Anspannung der Muskeln, es gab keine Entfernung, keinen Unterschied mehr zwischen denen, die auf den Zementbänken saßen, sie waren jetzt angewiesen aufeinander, sie brauchten sich gegenseitig. Dreieinhalb Runden waren noch zu laufen; die Bahn war schwer, aufgeweicht, eine tiefhängende Wolke verdeckte die Sonne, schräg jagte ein Regenschauer über das Stadion. Der Regen klatschte auf das Tribünendach und sprühte über die Aschenbahn, und die Zuschauer auf der Gegenseite spannten ihre Schirme auf. Die Gegenseite sah wie ein mit Schirmen bewaldeter Abhang aus, und über diesem Abhang hing der Qualm von Zigaretten, von Beruhigungszigaretten. Sie mußten sich beruhigen auf der Gegenseite, sie hielten es nicht mehr aus. Fred lief auf das riesige weiße Stoffplakat zu, er hörte die Stimme seines Trainers, der ihm die Zwischenzeit zurief, aber er achtete nicht auf die Zwischenzeit, er dachte nur daran, daß dies sein letzter Lauf war. Auch wenn er siegte, das wußte er, würden sie ihn nicht mehr aufstellen, denn dies war der letzte Start der Saison, und im nächsten Jahr würde es endgültig vorbei sein mit ihm. Im nächsten Jahr würde er fünfunddreißig sein, und dann würde man ihn um keinen Preis der Welt mehr aufstellen, auch sein Ruhm würde ihm nicht mehr helfen.

Er ging mit schwerem, hämmerndem Schritt in die Kurve, jeder Schritt dröhnte in seinem Kopf, schob ihn weiter – zwei letzte Runden, und er führte immer noch das Feld an. Aber dann hörte er es, er hörte den keuchenden Atem hinter

sich, spürte ein brennendes Gefühl in seinem Nacken, und
er wußte, daß El Mamin jetzt kam. El Mamin, der Marokkaner, war groß auf den letzten Metern, er hatte es in Mailand
erfahren, als der nußbraune Athlet im Endspurt davonzog,
hochhüftig und mit offenem Mund. Und jetzt war er wieder
da, schob sich in herrlichem Schritt heran und ließ sich
ziehen, und beide lagen weit und sicher vor dem Feld: niemand konnte sie mehr gefährden. Hinter ihnen hatten sich
die Finnen vorgearbeitet, Boritsch und Drouineau waren
hoffnungslos abgeschlagen – hinter ihnen war der Lauf um
die Plätze entschieden. Fred trat kürzer und schneller, er
suchte sich frei zu machen von seinem Verfolger, aber der
Atem, der ihn jagte, verstummte nicht, er blieb hörbar in
seinem Nacken. Woher nimmt er die Kraft, dachte Fred,
woher nimmt El Mamin diese furchtbare Kraft, ich muß jetzt
loskommen von ihm, sonst hat er mich; wenn ich zehn Meter
gewinne, dann kommt er nicht mehr ran.

Und Fred zog durch die Kurve, zusammengesackt und
mit schweren Armen, und stampfte die Gegengerade hinab.
Er hörte, wie sie die letzte Runde einläuteten, und er trat
noch einmal scharf an, um sich zu befreien, aber der Befehl,
der im Kopf entstand, erreichte die Beine nicht, sie wurden
um nichts schneller. Sie hämmerten schwer und hart über die
Achenbahn, in gnadenloser Gleichförmigkeit, sie ließen sich
nicht befehlen. El Mamin kam immer noch nicht. Auch er
kann nicht mehr, dachte Fred, auch El Mamin ist fertig, sonst
wäre er schon vorbei, er hätte den Endspurt früher angesetzt, wenn er die Kraft gehabt hätte, aber er ist fertig und
läßt sich nur ziehen. Aber plötzlich glaubte er den Atem des
Marokkaners deutlich zu spüren. Jetzt ist er neben mir,
dachte Fred, jetzt will er vorbei. Er sah die nußbraune Schulter neben sich auftauchen, den riesigen Schritt in den seinen
fallen: der Marokkaner kam unwiderstehlich auf. Sie liefen
Schulter an Schulter, in keuchender Anstrengung, und dann
erhielt Fred den Schlag. Es war ein schneller, unbeweisbarer
Schlag, der ihn in die Hüfte traf, er hatte den Arm des Marokkaners genau gespürt, und er taumelte gegen die Begrenzung
der Aschenbahn, kam aus dem Schritt, fing sich sofort: und
jetzt lag El Mamin vor ihm. Einen Meter vor sich erblickte
Fred den Körper des nußbraunen Athleten, und er lief leicht
und herrlich, als wäre nichts geschehen. Niemand hatte die

Rempelei gesehen, nicht einmal Ahlborns Frettchengesicht, und der Marokkaner bog in die Zielgerade ein.

Hundert Meter, dachte Fred, er kann nicht mehr, er kann den Abstand nicht vergrößern, ich muß ihn abfangen. Und er schloß die Augen und trat noch einmal an; seine Halsmuskeln sprangen hervor, die Arme ruderten kurz und verkrampft, und sein Schritt wurde schneller. Ich habe ihn, dachte er, ich gehe rechts an ihm vorbei. Und als er das dachte, stürzte der Marokkaner mit einem wilden Schrei zusammen, er fiel der Länge nach auf das Gesicht und rutschte über die nasse Schlacke der Aschenbahn.

Fred wußte nicht, was passiert war, er hatte nichts gespürt; er hatte nicht gemerkt, daß sein Nagelschuh auf die Ferse El Mamins geraten war, daß die Dornen seines Schuhs den Gegner umgeworfen hatten, er wußte nichts davon. Er lief durch das Zielband und fiel in die Decke, die Ahlborn bereit hielt. Er hörte nicht die klare, saubere Stimme im Lautsprecher, die ihn disqualifizierte, er hörte nicht den brausenden Lärm auf den Tribünen; er ließ sich widerstandslos auf den Rasen führen, eingerollt in die graue Decke, und er ließ sich auf die nasse Erde nieder und lag reglos da, ein graues, vergessenes Bündel.

Mit dem Brief kam neue Hoffnung. Er war nur kurz, enthielt keine Anrede, er war mit gleichgültiger Höflichkeit diktiert worden, ohne Anteilnahme, ohne die Absicht, mir durch eine versteckte, vielleicht unfreiwillige Wendung zu verstehen zu geben, daß meine Sache gut stand. Obwohl ich den Brief mehrmals las, nach Worten suchte, die ich in der ersten Aufregung überlesen zu haben fürchtete, und obwohl all meine Versuche, etwas Gutes für mich herauszulesen, mißlangen, glaubte ich einige Hoffnungen in ihn setzen zu können, denn man lud mich ein, oder empfahl mir, zum Werk herauszukommen und mich vorzustellen.

Ich faltete den Brief zusammen, legte ihn, damit ich ihn gegebenenfalls schnell zur Hand hätte, in die Brieftasche und fuhr hinaus zur Fabrik. Es war eine Drahtfabrik, ein langgestrecktes, flaches Gebäude; es war dunkel, als ich hinausfuhr, und es schneite. Ich ging an einer hohen Backsteinmauer entlang, ging in ihrem Windschutz; elektrische Bogenlampen erhellten den Weg, niemand kam mir entgegen. In das Pflaster der Straße waren Schienen eingelassen, sie glänzten matt, der Schnee hielt sich nicht auf ihnen. Der Schienenstrang führte mich zu einer Einfahrt, er verließ in kurzem Bogen die Straße, lief unter einem Drahtgitter hindurch und verschwand im Innern eines schwarzen Schuppens. Neben dem Tor stand ein Pförtnerhaus aus Holz, es wurde von einer schwachen elektrischen Birne erleuchtet, die an der Decke hing.

Im Schein der Birne erkannte ich den Pförtner, einen alten, mürrischen Mann, der vor einem schäbigen Holztisch saß und mich beobachtete. Hinter seinem Rücken brannte ein Koksfeuer. Ich ging an das Häuschen heran, und der Pförtner legte sein Ohr an das Fenster und wartete auf meine Anmeldung: ich schwieg. Der Mann wurde ärgerlich und stieß ein kleines Fenster vor mir auf. Ich spürte, wie ein Strom von verbrauchter, süßlicher Luft ins Freie drang. Der Pförtner war offenbar besorgt, daß zuviel Luft aus seinem Raum entweichen könnte, und er fragte ungeduldig:

»Zu wem wollen Sie? Sind Sie angemeldet?«

Ich sagte, daß ich bestellt sei; wenn er wolle, könne ich

ihm den Brief zeigen. Der Brief sei von einem Mann namens Wildenberg unterzeichnet.

Als ich diesen Namen nannte, blickte der Pförtner auf seine Uhr, dann sah er mich an, bekümmert und mit sanftem Spott, und ich fühlte, daß er seinen Ärger vergessen hatte und nur ein berufsmäßiges Mitleid für mich empfand.

»Ist Herr Wildenberg nicht da?« fragte ich.

»Er ist fast immer da«, sagte der Pförtner. »Es kommt selten vor, daß er verreist ist. Aber Sie werden ihn heute nicht sprechen können.«

Und dann erzählte er mir, wie schwer es sei, an Wildenberg heranzukommen; er erzählte mir, wieviel auf diesem großen Mann laste, der in schweigender Einsamkeit, hinter fernen Türen, seine Entschlüsse fasse, und daß es zwecklos sei, wenn ich, obgleich ich bestellt sei, zu dieser Stunde noch herkäme. Ich solle am nächsten Tag wiederkommen, empfahl mir der Pförtner, hob die Schultern, seufzte und sagte, daß das der einzige Rat sei, den er mir geben könne, ich täte gut daran, ihn zu befolgen.

Ich befolgte den Rat des Pförtners und ging nach Hause, und am nächsten Morgen, in aller Frühe, machte ich mich wieder auf den Weg zur Fabrik. Die Bogenlampen brannten noch, es war kalt, und von der Werkskantine roch es nach Kohl. Der Pförtner empfing mich freundlich, er schien auf mich gewartet zu haben. Er winkte mir, draußen stehen zu bleiben, telefonierte längere Zeit und erklärte schließlich mit glücklichem Eifer, daß es ihm gelungen sei, mich auf die Spur zu setzen, ich könne nun ohne Schwierigkeiten bis zu Doktor Setzkis Büro gehen, seine Sekretärin würde mich dort erwarten.

Die Sekretärin war forsch und mager, sie bot mir eine Tasse Tee an, den sie gerade gekocht hatte, und entschuldigte sich mit einer eiligen Arbeit. Ich wertete den Tee als gutes Zeichen, das Angebot hatte mich seltsamerweise so zuversichtlich für meine eigene Sache gemacht, daß ich der Sekretärin eine von meinen beiden Zigaretten hinüberreichen wollte, doch sie lehnte ab. Ich rauchte auch nicht, weil Dr. Setzki jeden Augenblick aus seinem Zimmer kommen konnte, ich hörte Geräusche hinter seiner Tür, Knistern und Murmeln.

Es wurde hell draußen, die Bogenlampen erloschen, und

die Sekretärin fragte mich, ob sie das Licht im Zimmer ausknipsen dürfe. Ich antwortete ihr lang und umständlich, in der Hoffnung, sie dadurch in ein Gespräch zu ziehen, denn es war mir ihretwegen peinlich, daß Dr. Setzki mich so lange warten ließ. Aber das Mädchen ging nicht auf meine Bemerkungen ein, sondern verbarg sich sofort wieder hinter ihrer Schreibmaschine, wo sie sicher war.

Dr. Setzki kam spät, er war unerwartet jung, entschuldigte sich, daß er mich so lange hatte warten lassen, und führte mich über einen Gang. Er entschuldigte sich vor allem damit, daß Wildenberg, der große einsame Arbeiter, keinen zur Ruhe kommen lasse, immer wieder frage er nach, versichere sich aller Dinge mehrmals und verhindere dadurch, daß man einen genauen Tagesplan einhalten könne. Ich empfand fast ein wenig Furcht bei der Vorstellung, in wenigen Sekunden Wildenberg gegenüberzusitzen, ich spürte, wie auf den Innenflächen meiner Hände Schweiß ausbrach, und sehnte mich nach dem Zimmer der Sekretärin zurück.

Dr. Setzki durchquerte mit mir ein Büro und brachte mich in ein Zimmer, in dem nur ein Schreibtisch und zwei Stühle standen. Er bat mich, auf einem der Stühle Platz zu nehmen und auf Dr. Petersen zu warten, das sei, wie er sagte, die rechte Hand Wildenbergs, die mir alle weiteren Türen zu dem großen Mann öffnen werde. Er zeigte sich unterrichtet, in welcher Angelegenheit ich hergekommen war, sprach mit großer Bewunderung von Wildenbergs Geschick, Leute auszusuchen, und verabschiedete sich schließlich, indem er mir die Hand flüchtig auf die Schulter legte. Als ich allein war, dachte ich noch einmal an seine Worte, hörte noch einmal seinen Tonfall, und jetzt schien es mir, als sei die Bewunderung, mit der er von Wildenberg gesprochen hatte, heimliche Ironie.

Dr. Petersen war, wie die Sekretärin, die unter einem Vorwand ins Zimmer kam, sagte, auf einer Sitzung. Sie konnte nicht sagen, wann er wieder zurück wäre, aber sie glaubte zu wissen, daß es nicht zu lange dauern würde; dafür, meinte sie, seien Sitzungen zu anstrengend. Sie lachte vielsagend und ließ mich allein.

Die Sekretärin hatte recht. Ich hatte zehn Minuten gewartet, da erschien Dr. Petersen, ein Hüne mit wässerigen Augen; er bat mich, Platz zu behalten, und wir sprachen über meine Bewerbung. Sie sei, sagte er, immer noch bei Wildenberg, er habe sie bei sich behalten, trotz seiner enormen Arbeitslast, und ich käme diesem großen Mann gewiß entgegen, wenn ich nicht weiter danach fragte, sondern meinen Aufenthalt bei ihm so kurz wie möglich hielte.

»Ich bin sicher«, sagte Dr. Petersen, »Herrn Wildenbergs Laune wird um so besser sein, je kürzer Sie sich fassen. Leute seiner Art machen alles kurz und konzentriert.« Dann bat er mich, ihm zu folgen, klopfte an eine Tür, und als eine Stimme »Herein« rief, machte er mir noch einmal ein hastiges Zeichen, all seine Ratschläge zu bedenken, und ließ mich eintreten. Ich hörte, wie die Tür hinter mir geschlossen wurde.

»Kommen Sie«, sagte eine freundliche, schwache Stimme, »kommen Sie zu mir heran.«

Ich sah in die Ecke, aus der die Stimme gekommen war, und ich erkannte einen kleinen, leidvoll lächelnden Mann hinter einem riesigen Schreibtisch. Er winkte mir aus seiner Verlorenheit mit einem randlosen Zwicker zu, reichte mir die Hand, eine kleine, gichtige Hand, und bat mich schüchtern, Platz zu nehmen.

Nachdem ich mich gesetzt hatte, begann er zu erzählen, er erzählte mir die ganze Geschichte der Fabrik, und wenn ich in einer Pause zu gehen versuchte, bat er mich inständig, zu bleiben. Und jedesmal, wenn ich mich wieder setzte, bedankte er sich ausführlich, klagte über seine Einsamkeit und wischte mit dem Ärmchen über den leeren Schreibtisch. Ich wurde unruhig und erinnerte mich der Ratschläge, die man mir gegeben hatte, aber sein Bedürfnis, sich auszusprechen, schien echt zu sein, und ich blieb.

Ich blieb mehrere Stunden bei ihm. Bevor ich mich verabschiedete, fragte ich nach meiner Bewerbung. Er lächelte traurig und versicherte mir, daß er sie nie gesehen habe, er bekomme zwar, sagte er, gelegentlich etwas zur Unterschrift vorgelegt, aber nur, um sich nicht so einsam zu fühlen, denn man entreiße es ihm sofort wieder. Und er gab mir flüsternd den Rat, es einmal bei Dr. Setzki zu versuchen, der habe mehr Möglichkeiten und sei über den Pförtner zu erreichen: ich mußte ihm glauben.

Ich verabschiedete mich von dem großen Wildenberg, und als ich bereits an der Tür war, kam er mir nachgetrippelt, zupfte mich am Ärmel und bat mich, ihn bald wieder zu besuchen. Ich versprach es.

Der Alte saß allein im Kutter. Er saß auf der hinteren Ducht, klein, schlaff und barfuß, er saß mit dem Gewehr auf den Knien da, und der Kutter rollte und schlingerte mit ihm durch die seitliche Brandung. Der Kutter war schwarz und hochbordig, er zog gut durch die lange Brandung, er ritt schlingernd auf ihr entlang, ließ sich emportragen, brach schwer und schnalzend ein, und der Mast schlug krängend nach den Seiten aus und schrieb seine wirre Bewegung in den Himmel. Dann war er raus und bekam ruhiges Wasser, das Wasser war trübe, lehmfarben, es zersprellte klatschend unter dem Bug des Kutters.

Der Alte fuhr parallel zur Küste, er zog die Füße auf die Ducht und hockte brütend am Ruder, und er fuhr die Küste hinab bis zur Landspitze und dann im weiten Bogen um die Landspitze herum. Und jetzt sah er die Mühle, es war eine hohe, schwarze Windmühle; sie hatte unbespannte Flügel, sie bewegte sich nicht, sie erhob sich wie eine schwarze Blume in den Himmel, groß und tot. Der Alte erkannte die Rampe der Mühle, er erkannte das Mädchen auf der Rampe und ihn: sie standen an der Brüstung, sie sahen zu ihm herüber, und er wandte sich ab und hielt auf die Sandbank zu. Die Sandbank lag flach und flimmernd unter dem Horizont, sie schien zu schweben, sie schien keine Verbindung zu haben mit dem Wasser – es war ein heller, klarer Tag. Die Sonne weichte den Teer auf, die kleinen Wasserspritzer funkelten auf den Duchten des Kutters, und der Alte sog den scharfen Geruch ein von Teer und Fischen.

Langsam kam die Sandbank näher, feiner, heller Sand, an dem flache Wellen hochliefen; jetzt konnte der Alte die schwarzen Körper erkennen, er sah, wie sie sich bewegten, zum Wasser hinab, kurz vor dem Wasser verharrten, untertauchten. Der Alte drosselte den Motor des Kutters, der Kutter lief aus ohne das hämmernde Klopfgeräusch, er strebte schwer und fast lautlos der Sandbank zu, dann würgte der Alte den Motor ab, und der Kutter glitt knirschend auf den Sand.

Er kletterte hinaus und befestigte den Kutter an einem Pflock, den er in den Sand trieb, der Sand war feucht und fest, und der Alte krempelte die blauen Baumwollhosen hoch, lud das Gewehr, steckte zwei lose Patronen in die Tasche und ließ den Kutter allein. Er überquerte die Sandbank, er stieg ins Wasser, das Wasser reichte bis zu seinen Knien, drängendes, lehmfarbenes Wasser, das in kräftiger Strömung der Küste zustrebte: der Alte watete gegen die Strömung hinaus, bei jedem Schritt nach Grund tastend, nach dem verborgenen Weg, den er kannte. Dann sah er mehrere Sandbänke vor sich und war am Ziel.

Einmal blickte er zum Kutter zurück, der Kutter war fern, er lag fest, er war etwas zur Seite gekippt, er lag ruhig und unbeweglich da. Und der Alte legte sich in den hellen, kalten Sand, den Oberkörper aufgerichtet, auf die Ellenbogen gestützt, die Füße eng aneinander; so lag er regungslos und blickte aufs Wasser, das Gewehr in den Händen. Er dachte an die Rampe der Windmühle, er sah das Mädchen dort stehen und ihn, er sah sie nah beieinander, und sein Zeigefinger bewegte den Abzug bis zum Druckpunkt.

Der Sand war kalt, die Kälte drang durch seine Kleidung, während er regungslos dalag und wartete, er spürte den alten, zerrenden Schmerz in der Schulter, aber dann kam der erste: er sah den schwarzen, matt glänzenden Kopf auftauchen, sah die großen, erstaunten Augen des Seehunds, und der Alte kauerte sich zusammen und machte eine knappe, schlängelnde Bewegung zur Seite. Der Kopf des Seehundes verschwand, es war ein junges Tier, das hatte der Alte gesehen; er wußte, daß die Neugier das Tier näher herantreiben würde, Todesneugier, und er hob das Gewehr. Es war ein junger männlicher Seehund, und als er zum zweiten Mal auftauchte, war er näher, als der Alte erwartet hatte, er war so nah, daß er ihn mit größter Sicherheit getroffen hätte, aber der Alte schoß nicht: er lag da und wartete. Neben dem ersten Seehund tauchten jetzt die Köpfe von zwei anderen Seehunden auf, ihre Blicke waren prüfend auf den Alten gerichtet, forschende, wachsame Blicke, und der Alte nahm ihnen den Argwohn durch eine knappe, schlängelnde Bewegung. Plötzlich erschienen zwei Tiere am Rand der Sandbank. Sie waren so unvermutet herangekommen, daß der Alte sich duckte. Sie sahen ihn an und lauschten, sie stießen ein scharfes Knurren aus, schüttelten sich, blickten ihn wieder an, und der Alte hob das Gewehr und zielte. Er zielte auf den Kopf des weiblichen Tieres; mehr als zwanzig Jahre hatte er keinen weiblichen Seehund geschossen, er zielte und zog durch, und er sah den Seehund zusammenbrechen unter dem Schlag der Kugel. Er stand auf, er sah, wie die andern Tiere flohen, er ging durch den Sand zu dem toten Tier und berührte den weichen Körper mit dem Fuß.

Dann streifte er das Gewehr auf den Rücken und band eine kurze Leine um den Schwanz des Tieres; er schleifte den Seehund über die Sandbank, schleifte ihn hinüber und ins Wasser, und er watete zurück zu dem schwarzen Kutter. Er zog den Seehund über die Bordwand und legte ihn auf die mittlere Ducht; sein Fell trocknete unter aufkommendem Wind, es verlor seinen dunklen Glanz. Der Alte brach den Pflock heraus, die Flut hatte den Kutter aufgerichtet, er brauchte ihn nicht zu schieben, es war genug Wasser unter dem Kiel. Gleichgültig warf er den Motor an, das hämmernde Klopfgeräusch erklang, ebbte ab, lief aus in ein gleichmäßiges, dumpfes Tuckern. Der Kutter drehte, fuhr um die Sandbank herum, und der Alte saß klein und schlaff auf der hinteren Ducht und hielt auf die Landzunge zu.

Als die Mühle querab war, sah er nicht hinüber, er sah auf den Bug des Kutters und auf die Landspitze, er fuhr die Küste hinauf bis zum Anlegeplatz, brütend und regungslos, und dann machte er den Kutter fest und brachte das tote Tier allein über den Deich und in den Schuppen. Er warf es auf eine Plane aus Segeltuch, bedeckte es mit Säcken; er arbeitete, das Gewehr auf dem Rücken, langsam und nachdenklich, denn er spürte, daß sie am Eingang des Schuppens stand und ihn beobachtete. Er sah ihren bewegungslosen Schatten, während er das Tier wieder abdeckte, die blutende Einschußstelle über die Segeltuchplane hinauszog und die Säcke sorgsam und mit herausfordernder Umständlichkeit darüber breitete, und er spürte, daß sie ihn nicht ohne ein Wort herauskommen lassen wollte. Unvermutet drehte er sich um: sie stand vor ihm in dem dünnen Stoffkleid, die Hände abwartend gegen die Türpfosten des Schuppens gestemmt; er ging auf sie zu, und sie blickte in seine kleinen kalten Augen und trat plötzlich zur Seite. Der Alte ging an ihr vorbei, über den windigen Hügel zum Haus, und das Mädchen lief hinter ihm her und rief: »Bleib stehen, Vater.«

»Ich hab dich gesehen«, sagte sie. »Wir standen auf der

Rampe und haben dich gesehen, wie du zu den Sandbänken fuhrst.«

»Du wirst nicht mehr zur Mühle gehen«, sagte der Alte. »Du wirst dich nicht wieder am Leuchtturm rumtreiben. Du wirst hier bleiben, hier ist Arbeit genug. Ich habe es dir oft gesagt. Ich sage es heut' zum letzten Mal. Du wirst ihn nicht mehr sehen. Wenn du ihn noch einmal triffst, kommst du nicht in das Haus.«

»Es ist auch mein Haus«, sagte das Mädchen.

»Du kommst nicht mehr hinein«, sagte der Alte.

»Es ist nur, weil er nicht von der Insel ist«, sagte das Mädchen. »Deshalb haßt du ihn. Wenn er hier geboren wäre, könnte ich ihn treffen. Du bist in deinem Leben nie von der Insel runtergekommen: darum haßt du ihn. Weil er nicht dasselbe tut wie du. Aber jetzt arbeitet er hier. Jetzt lebt er schon zwei Jahre hier.«

»Du kommst nicht mehr ins Haus«, sagte der Alte.

Er ließ sie auf dem Hügel stehen und ging zum Haus hinüber, und sie stand zitternd da und blickte ihm nach. Der Alte verschwand im Haus, die Tür fiel zu, und unverhofft wandte sich das Mädchen um, ging entschlossen und selbstbewußt den Hügel hinab, ging über den federnden Boden der Koppel zu dem flachen, hellgetünchten Haus an der Kiesstraße, zur Poststation. Es war die einzige Straße auf der Insel, rauh und ausgefahren, und das Mädchen lief, als es die Straße erreicht hatte, in der festen Spur der Wagen, schwenkte zur Poststation ab, stieg die Treppen hinauf und öffnete die braungestrichene Tür. Sie hatte das Haus nur selten betreten; in seinem Zimmer war sie nie gewesen, aber sie wußte, wo es lag, er hatte ihr das Fenster gezeigt, und sie schlüpfte die Holzstiege nach oben und lauschte an seiner Tür. Sie hörte kein Geräusch, sie konnte sich nicht erinnern, je ein Geräusch in diesem Haus gehört zu haben; sooft sie hier gewesen war, hatte entweder der alte Postbote oder seine Frau krank in dem riesigen Bett gelegen, hochrot unter gewaltigem Federzudeck. Das Mädchen konnte sich nicht erinnern, anders als flüsternd in diesem Haus gesprochen zu haben; kein Schritt hatte das Nahen eines Menschen angekündigt, sie waren stets plötzlich und lautlos erschienen, der alte Postbote oder seine kräftige Frau, und sie hatten nie anders als mit gequältem Flüstern gefragt, was man haben wollte.

Das Mädchen horchte nach unten, unten blieb alles still, und sie öffnete schnell die Tür zu seinem Zimmer. Er stand vor ihr, unter der nackten elektrischen Birne: ein hochgewachsener Junge mit tief erschrockenem Gesicht. Er hatte sie kommen sehen, er hatte hinter der Tür gestanden und sie erwartet, und er lächelte besorgt und unsicher und gab ihr ein Zeichen, die Tür zu schließen. Sie blieb, wo sie war, mit dem Rücken gegen die Tür gelehnt, die Hände hinter sich versteckt, und blickte ihn an. Er trug ein offenes, blaues Hemd, es erhöhte die Blässe seines Gesichts, sein Gesicht war glatt und bekümmert, blasse Lippen, große, ängstliche Augen.

Er winkte ihr, von der Tür wegzugehen, und sie ging um ihn herum und setzte sich auf einen hochbeinigen Fensterstuhl. Sie warf einen Blick durch das Fenster, rückte den Stuhl zur Seite, prüfte noch einmal, ob man sie von der Straße aus sehen könnte, und blickte ihn hilflos an. Er ging langsam auf sie zu, warf einen schnellen Blick durch das Fenster und setzte sich auf eine Ecke des Klappbettes neben ihren Stuhl. Er fragte: »Warum bist du gekommen?« Sie sagte: »Soll ich wieder gehen?« »Ich weiß nicht, was die Alten unten machen«, sagte er.

»Die Alten wissen nicht, daß ich hier bin. Ich bin ganz leise gekommen.« Und sie sah auf ihre Segeltuchschuhe; dann fragte sie: »Warum gibst du mir keinen Kuß?«

Er sah sie in plötzlicher Bekümmerung an, erschreckt abwehrend. »Hier geht es nicht«, sagte er, »um Himmels willen nicht hier.«

»Und draußen?« sagte sie.

»Das ist etwas anderes«, sagte er. »Das kannst du nicht vergleichen. Hier ist es unmöglich. Wir dürfen ohnehin nicht lange hierbleiben.«

»Freust du dich, daß ich gekommen bin?«

»Ja«, sagte er, »ja; du bist zum ersten Mal zu mir gekommen, und ich freue mich. Aber es ist gut, wenn du gleich wieder gehst.«

»Und wenn ich nicht gehe? Was würdest du tun, wenn ich jetzt hierbliebe?«

»Das geht nicht«, sagte er. »Du weißt, daß es nicht geht.«

Ein heftiger Windstoß fuhr gegen das Fenster, der Junge stand auf und sah hinaus, blickte über den Deich und sah die Kutter heftig vor dem Anlegesteg schwanken.

»Es wird schlimm«, flüsterte er, »es ist gut, wenn du jetzt nach Hause gehst.«

»Gib mir einen Kuß«, sagte sie.

Er küßte sie schnell und lauschte, dann nahm er eine schwere, grüne Joppe von einem Türhaken, zog sie an und blieb vor dem Mädchen stehen. Sie schüttelte den Kopf.

»Ich kann nicht gehen«, sagte sie. »Er weiß, daß ich bei dir bin, und ich kann jetzt nicht nach Hause zurück.«

Er zog die Joppe wieder aus, starrte sie ungläubig an und setzte sich auf die Ecke des Klappbetts.

»Anne«, sagte er, »um Himmels willen. Warum hast du mit ihm gesprochen?«

»Vater hat uns gesehen«, sagte das Mädchen. »Als er zu den Sandbänken fuhr, waren wir an der Mühle. Dort hat er uns gesehen. Ich mußte mit ihm sprechen.«

»Du hättest nicht mit ihm sprechen sollen«, sagte er.

»Er will nicht, daß ich dich sehe. Er hat mir verboten, dich zu treffen.«

»Ich werde mit ihm sprechen«, sagte der Junge. Er sagte es leise, so, als ob er selbst nicht daran glaube, daß es jemals zu diesem Gespräch kommen würde.

Das Mädchen sagte: »Er wird nicht mit dir sprechen. Du kennst ihn nicht. Du kennst sie alle hier nicht auf den Inseln. Sie unterhalten sich nur mit sich selbst. Jeder lebt abgeschlossen für sich wie eine Muschel. Er wird nicht mit dir sprechen.«

»Dann schreibe ich ihm.«

»Er wird dir nicht antworten.«

»Was hat er gegen mich?«

»Du bist nicht von der Insel«, sagte das Mädchen. »Du tust nicht das, was sie hier machen. Wer nicht dasselbe tut wie sie, der hat es schwer hier.«

Er ging zur Tür und horchte nach unten, unten war alles still, und er kam zurück, zog sie vom Stuhl auf und führte sie fort vom Fenster. Er führte sie ins Zimmer unter die baumelnde elektrische Birne, er umarmte sie, sein bekümmertes Gesicht senkte sich in ihr Haar, und plötzlich blickte er sie an und sah, daß sie die Augen geschlossen hatte.

»Was ist?« fragte er betroffen.

»Meine Hand«, sagte sie, »du hast sie eingeklemmt.«

»Oh«, sagte er erschrocken, »warum sagst du nichts?«

»Es war nicht schlimm«, sagte sie.

Er wandte sich um, ein Regenschauer klatschte gegen das Fenster, er sah die Wolken niedrig über die Koppeln ziehen, graue, eilige Wolken, sie kamen von See her, senkten sich über den Deich – die Kutter vor dem Landungssteg waren kaum zu erkennen. Er zeigte auf das einsame Haus auf dem Hügel, weit hinter den Koppeln, von einer zähen Hecke eingeschlossen, er zeigte darauf und sagte: »Es brennt kein Licht, Anne. Bei euch brennt kein Licht.«

»Ich weiß«, sagte sie, »er sitzt im Dunkeln. Seit Mutter tot ist, macht er kein Licht und sitzt im Dunkeln am Fenster.«

»Komm«, sagte er, und der Junge nahm die schwere Joppe und legte sie ihr über die Schulter, und dann zog er einen Pullover an und eine Windjacke, und beide gingen zur Tür. Er öffnete die Tür, lauschte, unten war alles still, und er zog sie an der Hand die Stiege hinab, zog sie nach draußen in den Wind, in die fallende Dunkelheit, und sie gingen den Kiesweg hinauf, gegen den Wind gelegt, gegen den unaufhörlichen Wind. Sie gingen den Kiesweg zu Ende, standen im Windschutz des Deiches, für einen Augenblick nur, einen bangen Augenblick, und der Regen fiel in ihr Haar und ihre Gesichter, und ihre Gesichter glänzten. Ihre Gesichter berührten sich, sie spürten den Regen auf dem Gesicht des andern, warmen Regen, und sie zogen sich an nassem Gras den Deich hinauf und standen im Wind, und dann gingen sie zu dem Landungssteg hinunter, vor dem die Kutter schwankten. Es waren kräftige, kurze Wellen; sie hoben den Kutter hoch und rissen an den Ankerleinen; die Ankerleinen knackten, knarrten, strafften sich, sie hielten gut.

»Frierst du nicht«, sagte sie.

»Nein«, sagte er, »mir ist gar nicht kalt«, und er blickte auf die schwankenden Kutter. Und plötzlich ging er allein auf den Steg hinaus, ging hinaus, ohne auf die Brecher zu achten, und er bückte sich, zog mit aller Kraft an der Leine des schwarzen Kutters, und er lachte, als er sah, daß der Kutter näher an den Landungssteg kam. Er ließ die Leine fallen und lief zurück, er trat zu ihr, ergriff ihre Hand und sagte: »Komm.«

Sie blickte ratlos in sein Gesicht und schüttelte den Kopf. »Nein«, sagte sie, »bitte nicht.«

»Doch«, sagte er, »es ist nicht schlimm.«

»Wir kommen nicht durch die Brandung.«

»Wir fahren jetzt«, sagte er.

»Du kannst das nicht«, sagte sie.

»Wenn er es kann, kann ich es auch. Ich werde ihm zeigen, daß ich es auch kann.«

»Tu es nicht«, sagte sie.

»Dann fahr ich allein. Ich hol den Kutter auch allein an den Steg.«

Er ging zum Landungssteg hinab, und sie folgte ihm; er nahm die Leine auf, stemmte den Fuß gegen eine Leiste, zog und zerrte mit nach hinten gelegtem Kopf, und der Kutter bewegte sich, kam langsam und schwerfällig näher. Dann schlug das Heck gegen den Landungssteg, rieb sich knarrend, wurde hochgetragen von der See und wieder hinabgedrückt. Der Junge stand neben der Ducht, er hatte den Sprung gut berechnet. Er duckte sich vor dem sprühenden Gischt, taumelte zur Seite, und da berührte er sie; sie kauerte ängstlich im Heck.

»Los«, rief er, »wir müssen die Ankerleine reinholen. Mach du die andere los.«

Während sie die Stegleine einholte, kletterte er auf den Bug des Kutters, stemmte die Schenkel gegen einen Eisenring, zog mit zusammengepreßten Zähnen an der Ankerleine, und der Kutter drehte und gab nach.

»Jetzt«, rief er, »er kommt.«

»Wir sind in der Strömung«, sagte sie.

»Das ist gut«, sagte er, »jetzt kommen wir raus.«

Er sprang auf die Bodenbretter des Kutters, öffnete das Holzgehäuse über dem Motor, suchte einen Augenblick, dann lief ein starkes Zittern durch das Boot, es nahm eigene Fahrt auf, drehte ab. Der Junge befreite das Ruder aus der Blockierung und legte es herum. Der schwarze Kutter gehorchte. Er nahm jetzt die See von vorn an, wurde emporgehoben, fiel klatschend hinab, trudelte ein wenig, als ob er sich schüttelte, und der Gischt fegte über ihn hinweg.

Das Mädchen kauerte unter ihm im Heck und umschlang seine Füße.

»Wir können gleich umdrehen«, sagte sie nach einer Weile, »wir sind weit genug.«

»Wir fahren noch weiter«, rief er. »Ich sehe das Licht auf der Mühle. Siehst du es? Es ist ganz nah. Ich fahre um die Landspitze herum.«

Sie fuhren weit vor der Brandung die Küste hinab, in großem Bogen um die Landspitze, und dann drehte der Junge vom Land ab. Er drehte hinaus, der schwarze Kutter wühlte sich durch die See, duckte sich unter den Peitschenschlägen des Windes. Der erste Brecher kam über, der Kutter bäumte sich auf, und das Mädchen kippte gegen die Ducht im Heck. Sie sah schnell auf und sah in sein Gesicht, das Gesicht des Jungen glänzte. Seine Hose war durchnäßt, er spürte die Tropfen über seine Wangen laufen, den Hals hinab, er spürte es feucht werden an den Schultern, doch er hielt seinen Kurs.

»Nicht mehr«, sagte sie, »dreh jetzt um.«

Er schwieg. Er zog sie an sich. Er fühlte ihren zitternden Körper unter der schweren, durchnäßten Joppe und schwieg. Das Mädchen blickte zurück: das kleine Licht auf der Mühle verschwand, kam wieder und blieb endgültig fort.

»Das Licht ist fort«, sagte das Mädchen.

»Ich weiß«, sagte er, »ich drehe jetzt um.«

Er ließ sie los und duckte sich unter einem Brecher, der unerwartet über den Kutter fiel. Der Kutter wurde zurückgeworfen, nahm Anlauf, warf sich gegen die See, und einen Augenblick schlug seine Schraube leer in der Luft. Der Junge drehte bei, er stand mit gespanntem Gesicht am Ruder und zwang den Kutter herum, und die seitliche See überspülte ihn. Ein Brecher traf ihn mit voller Wucht, der Kutter krängte schwer, nahm Wasser über, richtete sich mühsam auf, und dann hörten sie es splittern und sahen, daß das Holzgehäuse des Motors weggerissen war und daß das Netz, das über dem Holzgehäuse gelegen hatte, über Bord ging. Das Mädchen zeigte auf das Netz, es schwamm dicht neben dem Kutter, trieb vor ihnen mit den großen, blitzenden Glaskugeln, eine Armlänge neben dem Boot.

Der Junge winkte sie hastig heran und gab ihr das Ruder, der Kutter hatte die See von achtern, er war leicht zu halten. »Da ist es«, rief das Mädchen, »da ist das Netz!«

Sie sah, wie der Junge sich eine dünne Leine um die Hüfte band, wie er das Ende der Leine um die Ducht am Heck schlang und sich dann in der Mitte des Kutters über die Bordwand beugte. Sie sah ihn eine Weile so liegen und nach dem Netz suchen, und dann hörte sie den Schrei. Es war ein kurzer, überraschter Schrei, und sie ließ das Ruder los und sprang in die Mitte des Kutters. Sie rief seinen Namen, sie tastete nach der Leine, die um die letzte Ducht geschlungen war: die Leine war straff. Sie zog an der Leine, sie zog mit verzweifelter Kraft, weinend und rufend, es gelang ihr nicht, die Leine einzuholen. Und dann sah sie ihn zum ersten Mal, einen wirbelnden, schwarzen Körper im Kielwasser, sah ihn auftauchen und verschwinden.

»Heinz!« rief sie, »Heinz!«

Er antwortete nicht.

Das Mädchen riß an der Leine, die ihn trug, zog mit aller Kraft, und mit einem Mal war die Leine schlaff und locker, fühlte sich an, als ob kein Körper mehr an ihr hinge, und das Mädchen sah nach hinten ins Heckwasser.

Sie sah seinen Körper an der Oberfläche, er war dicht am Heck des Kutters, unmittelbar vor der Schraube. Sie ließ die Leine wieder auslaufen, stand unschlüssig da, und plötzlich griff sie zur Leine, löste hastig den Knoten über der Ducht und blickte zu ihm ins Wasser. Die Leine war nicht mehr gesichert, das Mädchen hielt sie allein in den Händen, spürte das Gewicht des Jungen und den Widerstand der See; ihre Arme wurden hochgerissen, sie spürte jetzt den Zug in den Schultern, ein energisches, stoßweises Zerren, das sie fast zu Fall brachte, aber sie ließ die Leine nicht los. Sie hielt sie fest und sah zu ihm, sie stand breitbeinig neben der Ducht, und der Kutter rollte vor der See.

Und dann fühlte sie, wie ihre Hände unempfindlich wurden und abstarben, sie hatte keine Kontrolle mehr über die Leine; sie bog sich weit über die Ducht, so daß Loses in die Leine kam, schnellte vor, schlug das Ende der Leine um ihre Hüfte und verknotete sie.

»Heinz«, rief sie, »Heinz!« Und es schien, als ob er eine Hand gehoben hätte. Sie zog ihn näher an den Kutter heran, aber er kam nicht am Heck vorbei, er trieb auf die Schraube zu wie vorher, und das Mädchen schrie seinen Namen und ließ die Leine los. Sie weinte. Sie rief seinen Namen. Sie stand breitbeinig neben der Ducht, und die Leine schnürte in ihren Körper.

Ein heller, trockener Knall ertönte. Der Kutter verlor an Fahrt. Das Mädchen ergriff das Ruder und versuchte, den Kutter vor der See zu halten, aber die See warf ihn herum, und er trieb jetzt seitlich vor dem Wind. Ein Brecher kam über, groß und schwer wie die ganze Nacht, er kam in seiner ganzen Größe über, und das Mädchen wurde unter die Ducht geschleudert von seiner Kraft. Sie raffte sich auf, durchnäßt und benommen, und jetzt sah sie den Körper dicht neben der Bordwand, sah den Körper an der Leine vorbeitreiben und rief seinen Namen. Aber er verschwand schlaff und dunkel unter dem Bug. Sie zog ihn stöhnend hervor, er war so dicht neben ihr, daß sie ihn beinahe berühren konnte, aber sie durfte die Ducht nicht verlassen, die ihr Halt gab. Und sie stand und sah ihn auftauchen und verschwinden, ohne ihm helfen zu können. Sie rief nicht mehr seinen Namen. Sie stand und sah zu.

Der Kutter trieb seitlich vor dem Wind. Das kleine Licht der Mühle blinkte durch die Dunkelheit, schwach, unbeständig. Da erfolgte der knirschende Stoß, der das Mädchen umwarf. Der Kutter lag halb auf der Sandbank; er neigte sich, während sie aufsah, kippte zur Seite, schlug mit der Bordwand auf.

Sie erhob sich, richtete sich auf und tat einen Schritt, und da riß sie die Leine zurück. Sie sah den Körper im Wasser, erfaßte noch einmal die Leine und zog, und sie zog ihn hinauf auf die Sandbank.

Er lag vor ihr im Morgengrauen, und sein Gesicht war naß und hatte den alten, bekümmerten Ausdruck. Sie setzte sich neben ihn in den kalten, feinen Sand und sah schweigend in sein Gesicht und wartete. Und während sie wartete, kam ein Seehund auf die Sandbank, sah mit dunklen, starren Augen herüber und blieb. Er blieb so lange, bis das Motorboot mit den Männern hinter der Landspitze auftauchte.

Die Männer landeten an der Sandbank und gingen auf das Mädchen zu und auf den Jungen, und dann standen sie vor ihnen und nahmen die schäbigen Mützen ab und blickten schweigend auf sie herab. Sie bückten sich, sie hoben wortlos den Jungen auf und trugen ihn zum Motorboot. Niemand löste die Leine.

Sie lobten mich zu Wenzel Wittko hinüber, dem seelischen
Ratgeber unserer Zeitschrift, und sie machten mich zu seinem
Gehilfen. Nie habe ich für einen Menschen gearbeitet wie für
Wenzel Wittko. Er hatte kurzes, schwarzes Haar, versonnene
Augen, gütig war sein Mund, gütig das Lächeln, das er zeigte,
über seinem ganzen teigigen Gesicht lag ein Ausdruck rätsel-
hafter Güte. Mit dieser Güte arbeitete er; mit Geduld, Gin
und Güte las er die tausend Briefe, die der Bote seufzend zu
uns hereintrug: Briefe der Beladenen, der Einsamen und Rat-
suchenden. Oh, niemand kann das Gewicht der Briefe schät-
zen, das traurige Gewicht der Fragen, mit denen sich die
Leser an Wenzel Wittko wandten. Sie schrieben ihm all ihre
Sorgen, ihre Verzweiflungen, ihre Wünsche–er wußte immer
Rat. Er wußte, was einer Dame zu antworten war, die keine
Freunde besaß; er tröstete eine Hausfrau, deren Mann nachts
aus dem Eisschrank aß; souverän entschied er, ob man seine
Jugendliebe heiraten dürfe: keiner, der eine Frage an ihn
stellte, ging leer aus. Die Sekretärin, die unsicher war, ob ihr
Chef sie nach Hause fahren dürfe; der junge Mann, dessen
Schwiegereltern ihn mit ›Sie‹ anredeten, die Witwe, die von
ihrer ehrgeizigen Tochter ein Schlagsahneverbot erhalten
hatte–alle, alle erhielten persönlichen Trost und Ratschlag. Es
gab nichts, was Wenzel Wittko umgangen, wovor er geknif-
fen hätte: alles unter der Sonne konnte er entscheiden, aufrichten und beschwichtigen: was sich entglitten war, wurde
zusammengeführt; was bedrückte, wurde ausgesondert; wo
es an Frohsinn mangelte, wurde er hinverfügt. Wo kein
Mensch mehr raten konnte: Wenzel Wittko, unser seelischer
Ratgeber, brachte es mit Geduld, Gin und Güte zustande.

Ich durfte ihm dabei helfen, ich und Elsa Kossoleit, unsere
Sekretärin: bewundernd sahen wir zu, wie er den Korb mit
den straff geschnürten Briefpacken in sein Zimmer zog, wie
er sich hinkniete, die Schnüre löste und sein gütiges Gesicht
tief und träumerisch über den Inhalt senkte. Bewunderung
war das wenigste, was wir für ihn aufbrachten; wenn er
grüßte, empfanden wir ein warmes Glück, wenn er uns rief,
eine heiße Freude.

Mich rief er schon am ersten Tag zu sich; höflich lud er mich ein, Platz zu nehmen, bot mir Gin in der Teetasse an, musterte mich lange mit rätselhafter Güte.

»Kleiner«, sagte er plötzlich, »hör mal zu, Kleiner.«

»Ja«, sagte ich.

»Du wirst einen Weg für mich machen, Kleiner. Du kannst zu Fuß hingehen, es ist nicht weit. Du brauchst nur einen Brief für mich abzugeben, in meiner alten Wohnung.«

»Gern«, sagte ich, »sehr gern.«

Er gab mir den Brief, und ich machte mich auf – schwer sind die frühen Jahre der Lehre. Ohne mich aufzuhalten, forschte ich nach der Straße, forschte nach dem Haus; es war eine stille, melancholische Villa, in der sich die alte Wohnung von Wenzel Wittko befand. Ich klingelte, wartete und klingelte noch einmal, dann erklang ein zögernder, leichter Schritt, eine Sicherheitskette wurde entfernt und die Tür mißtrauisch geöffnet. Im Spalt stand eine schmale alte Frau; unwillig, die Mühsal der Treppe im kleinen Vogelgesicht, fragte sie mich nach dem Grund der Störung.

»Ein Brief«, sagte ich.

Sie sah mich erstaunt an.

»Ein Brief von Herrn Wittko.«

Sie streckte die Hand aus, nahm mir hastig den Brief ab, riß ihn auf und las, und obschon ihr Gesicht gesenkt war, sah ich, daß ein Ausdruck von feiner Geringschätzung auf ihm erschien, von würdevoller Verachtung und noblem Haß: sie las nicht zuende. Sie hob den Kopf, knüllte mir den Brief in die Hand und sagte:

»Nehmen Sie. Diese Kündigung hätte der Vagabund sich sparen können. Wir haben ihn schon vorher rausgesetzt.«

Ich sah sie betroffen an, mit hilfloser Erschrockenheit, und ich sagte:

»Das ist aber ein Brief von Wenzel Wittko.«

»Das habe ich gesehen«, sagte sie. »Wir sind glücklich, daß er aus dem Haus verschwunden ist.«

Sie schloß die Tür; ich hörte den zögernden, leichten Schritt, hörte im Haus eine Tür schlagen, und ich wandte mich ratlos um und ging zur Redaktion zurück.

Ich gab Wenzel Wittko den Brief, er lächelte, als er ihn in der Hand hielt, lächelte in all seiner rätselhaften Güte; schließlich glättete er ihn sorgfältig mit dem Lineal und schob ihn in seine Brusttasche: die Briefe der Beladenen waren wichtiger, sie durften nicht warten. Er hatte bereits einige zusammengestellt, und er rief Elsa Kossoleit und diktierte ihr die Antwortspalte: wie man sich bei Treulosigkeit des Mannes zu verhalten habe, wie ein junges Mädchen sich trösten könne, das mit zu großen Füßen geboren war, was gegen eine abergläubische Großmutter auszurichten sei. Wir lauschten seinem sanften Diktat, sannen der Art nach, wie er die Welt einrenkte, wesentliche Wünsche erfüllte; mit halbgeschlossenen Augen, an der Teetasse mit dem Gin nippend, so gab er Ratschlag um Ratschlag ab zum Wohl der Zeit.

Nachdem er sich verströmt hatte in Trost und Aufrichtung, rief er mich wieder zu sich.

»Kleiner«, sagte er. »Du könntest etwas für mich tun. Hier sind zwei Päckchen für meinen Sohn, es sind Spielsachen drin, kleine Dinge, die Freude machen: du könntest sie abgeben für ihn.«

»Gern«, sagte ich, »sehr gern.«

»Der Junge ist draußen im Internat«, sagte er. »Du kannst mit der Bahn hinfahren; das Geld gebe ich dir zurück.«

»Ich fahr wirklich gern hin«, sagte ich.

Er faßte mich ins Auge, schaute mich mit versonnener Liebe an und gab mir die Päckchen und entließ mich.

Frohgemut fuhr ich hinaus, wo das Internat lag; es lag in bewaldeter Vorstadt, am Strom, hoch an teurem Hang: weiß sah ich es vor mir aufschimmern, mauerumgeben. Über knirschendem Kiesweg näherte ich mich, passierte den Pförtner, passierte eine Ruheterrasse, auf der zarte Zöglinge ihren Körper der Sonne aussetzten; dann landete ich im Geschäftszimmer. Ich übergab die Päckchen einem gut gekleideten, hinkenden Herrn; er würde sie sofort weiterleiten, sagte er, direkt an den Sohn von Wenzel Wittko: beruhigt zog ich davon. Doch ich hatte das glasverkleidete Pförtnerhaus noch nicht erreicht, als mich ein verstörter Junge einholte, in schnellem Lauf kam er heran, die Päckchen unterm Arm; blond, mit fuchtelnden Armen verstellte er mir den Weg, schob mir die Päckchen zu und sagte:

»Hier, nehmen Sie das. Bringen Sie alles zurück.«

»Es ist für dich«, sagte ich vorwurfsvoll, »es ist von deinem Vater.«

»Deswegen«, sagte er. »Schmeißen Sie es ihm hin, ich will

nichts von ihm haben. Er soll auch nicht mehr rauskommen hierher.«

»Heißt du denn überhaupt Wittko?« fragte ich.

»Ja«, sagte er, »leider heiße ich so. Nehmen Sie das Zeug wieder mit.«

Unschlüssig nahm ich die Päckchen wieder an mich, blieb stehen, sah dem Jungen nach, der eilig verschwand, zu eilig, ohne sich noch einmal nach mir umzublicken. Diesmal jedoch wollte ich meinen Auftrag erfüllen, wollte Wenzel Wittko nicht enttäuschen, und darum übergab ich beide Päckchen dem Pförtner, der mir versprach, sie weiterzuleiten.

So konnte ich Wenzel Wittko den Schmerz der Zurückweisung ersparen; er brauchte sich nicht damit abzugeben, konnte frei sein für die Briefe der Beladenen, denen allen er etwas zu raten und zu sagen hatte. Und mit Geduld, Gin und rätselhafter Güte schöpfte er nützliche Weisheit aus dem Brunnen seiner Seele; der Brunnen versiegte nicht, für alles, was Wenzel Wittko erreichte, hielt er lindernden Ratschlag bereit. Ob Eheleute getrennt verreisen sollen, ob man sich einen zu groß geratenen Mund kleiner schminken darf, ob man als Frau nachgiebig oder schon als Bräutigam tonangebend sein soll: alle wesentlichen Fragen der Zeit wurden von Wenzel Wittko, unserem seelischen Ratgeber, gelöst; jeder, der sich an ihn wandte, durfte hoffen, selbstlos verströmte er sich für die andern.

Ich hatte nur die Gelegenheit, mich für ihn zu verströmen: freudig trug ich neue Briefe zu ihm hinein, gern kaufte ich Gin für ihn, spülte die gebrauchten Tassen aus, und ehrgeizig erledigte ich Botengänge, um die er mich bat. Wie er sich für andere opferte, so opferte ich mich für ihn.

Darum bedrückte es mich auch nicht, als er mich eines Tages nach Feierabend bat, einen Brief für ihn in einer Kneipe abzugeben; glücklich machte ich mich auf den Weg. Es war eine Kellerkneipe, die ich ausmachte: leer und zugig, Zementfußboden, die Tische mit Sand geschrubbt, niemand war außer mir da. Ich trat an die polierte Theke, wartete, räusperte mich, und als immer noch keiner kam, schlug ich zwei Gläser gegeneinander. Jetzt erschien hinter einem braunen Vorhang eine Frau; sie war hübsch und müde, scharfe Schatten unter den Augen. Leise, im weißen Kittel, ging sie hinter die Theke, ihre Hand hob sich zum Bierhahn hinauf, doch ich winkte ab.

Ich gab ihr den Brief.

»Für Sie«, sagte ich.

Sie nahm den Brief, hielt ihn unter das Licht und las den Absender, und plötzlich wurde ihr Gesicht starr, eine alte Erbitterung zeigte sich, und die Frau zerriß den Brief, ohne ihn gelesen zu haben, steckte die Schnipsel in die Kitteltasche.

»Es tut mir leid«, sagte ich unwillkürlich.

»Das macht nichts«, sagte sie, »es geht schon vorbei, es ist schon vorbei.« In ihren müden Augen standen Tränen.

»Kann ich etwas tun?«, fragte ich.

Sie schüttelte den Kopf.

»Nein«, sagte sie. »Es ist nichts mehr zu tun, es ist alles zuende. Sagen Sie meinem Mann, daß ich die Scheidung beantragt habe. Mehr brauchen Sie ihm nicht zu sagen.«

»Ich arbeite für ihn«, sagte ich.

»Das tut mir leid«, sagte sie, und sie wandte sich langsam um, eine Hand in der Kitteltasche, ging auf den braunen Vorhang zu und schlug ihn zur Seite. Ich sah, daß ihre Schultern zuckten.

Still verließ ich die Kneipe, ging die sauberen Zementstufen hinauf; es war windig draußen, und ich begann zu frieren. Ich schlug den Weg zur Redaktion ein: es brannte noch Licht oben, Wenzel Wittko wartete auf mich, heute abend noch wollte er eine Antwort haben. Als ich zu ihm kam, saß er vor einem Stapel von Briefen und einer Tasse Gin, und der erste Blick, der mich beim Eintreten traf, war scharf und grausam, so grausam, daß ich erschrak, doch dann löste sich sein Ausdruck, Güte lag wieder in seinem Gesicht, die rätselhafte Güte, mit der er allen Beladenen draußen in der Welt riet und half.

»Was ist, Kleiner«, fragte er, »was ist los mit dir?«

»Ich glaube nichts«, sagte ich.

»Hast du den Brief abgegeben?«

»Ja«, sagte ich.

»Und hast du mir etwas mitgebracht?«

»Die Scheidung«, sagte ich. »Ihre Frau hat die Scheidung beantragt.«

Ein Schimmer von schneller Genugtuung trat in seine Augen, eine seufzende Zufriedenheit, aber er fing sich sofort, zeigte auf die gestapelten Briefe, die vor ihm lagen, und sagte milde:

»Sie warten noch auf mich, Kleiner. Sie warten alle darauf, daß ich ihnen etwas sage. Es gibt soviel Leute, die Hilfe brauchen, ich kann sie nicht im Stich lassen.«

Und er versenkte sich tief und träumerisch in das Studium der Briefe; ich aber ging. Ich ging langsam die Treppe hinab und dachte an den nächsten Tag, und ich hatte das Gefühl, mit meinem Gesicht in einen Haufen Asche gefallen zu sein . . .

Der Wind war gut. Er trug Atoqs Geruch nicht zu den Hunden hinüber, die sich vor der Hütte einschneien ließen; unbemerkt kam der Mann an den schiefen, leeren Fleischgestellen vorbei. Als sein Vater noch lebte, ein großer Jäger, waren die Fleischgestelle voll gewesen, aber jetzt standen sie leer und schief vor der Hütte; in der Rundung der Seitenbank war kein Speck, die Felle auf der Schlafbank waren durchgelegen und die Darmfellscheiben an den Fenstern zerrissen.

Atoq kam unbemerkt an den schlafenden Hunden vorbei. Er schritt über die graue, tote Ebene und hörte das Knallen des Frostes von den Seen und wußte, daß das Neueis seine Risse bekam. Er schritt über die Ebene, bis er zum großen Farnkrautberg kam, dann sah er zurück, und er sah, daß sein Aufbruch unentdeckt geblieben war.

Er war heimlich zur Jagd aufgebrochen, der schlechteste Jäger von Gumber-Land; er hatte die Hunde schlafen lassen und schob selbst den Schlitten, und er hatte die Flinte quer über den Schlitten gelegt und das Futteral aufgeknöpft.

Er lauschte, aber es war kein Geräusch zu hören: sie wußten nicht im Dorf, daß er unterwegs war, sie lagen auf ihren Bänken und wußten nicht, daß er heimlich aufgebrochen war, um ihren Spott zu widerlegen, und er dachte an die hundert Spottgesänge, in denen sein Name erwähnt wurde, Atoq, der Jäger mit dem leeren Fleischgestell: diesmal würde er mit vollem Schlitten zurückkommen, diesmal hatte er sich vorgenommen, erst zurückzukehren, wenn er Fleisch für beide Gestelle hatte. Er war heimlich hinausgegangen, weil sie auch seinen Aufbruch mit Spott bedacht hätten, ihr Spott hätte ihn aufgebracht, und das wäre nicht gut gewesen für die Jagd. Diesmal würde er ihren Spott widerlegen, er würde seinen Namen ein für allemal aus den Spottliedern tilgen, er hatte sich alles zurechtgelegt für diesen Tag.

Langsam glitt Atoq über den Farnkrautberg; er sah auf seine Flinte hinab, die auf dem leeren Schlitten lag, und er stellte sich vor, daß die Flinte, wenn er zurückkäme, nicht mehr unter ihm liegen würde: sie würde hoch auf dem Fleisch in der Höhe seiner Augen liegen, Atoq war diesmal zuversichtlich.

Ein kleiner Ruf drang zu ihm herüber, er wandte den Kopf und erkannte ein Schneehuhn: rote Augenlider, brauner Rücken, das Schneehuhn duckte sich hinter einer Schneewehe, als Atoq näher kam. Er wollte zum alten Jägerversteck seines Vaters, er wollte zu dem Tal in den Bergen, wo die schwarzen Moschusochsen ästen, es war ein weiter Weg, und er wollte keine Zeit verlieren. Und er dachte an die großen schwarzen Moschusochsen, an ihr sorgloses Äsen, aber er dachte auch an die Kraft ihrer Flanken und an ihre Klugheit, und er erinnerte sich, wie die Pfeile seines Vaters durch das Tal schwirrten und zitternd in der Brust der Tiere standen. Atoq hatte den Bogen seines Vaters mitgenommen, er hatte auch seine Harpune mitgenommen, aber er glaubte, daß er sie nicht brauchen würde; er hatte seine großkalibrige Flinte, und die würde genügen. Atoq sang, als er über die tote Ebene fuhr, der schlechteste Jäger von Gumber-Land sang. Er hatte noch immer den rechten Fuß auf der Schlittenkufe, er hatte noch nicht gewechselt, denn er wußte, daß er mit den Stößen des linken Fußes schneller vorwärts kam; es waren lange, kraftvolle Stöße, und der Schlitten glitt gut über die Ebene.

Er dachte an den Schrecken, von dem die Tiere jedesmal geschlagen wurden, wenn eines getroffen war und zu Boden stürzte, und er sah seinen Vater wieder, den großen Jäger: lautlos sah er ihn über den Sumpf kriechen, naß von eisigem Wasser, ungesehen, Bogen und Pfeil zwischen den Zähnen, er sah den Alten in Schußweite vorkriechen, und dann flog der Pfeil: ein Tier stürzte, und das Rudel zerstreute sich. Atoq dachte daran, und er dachte auch, während der Schlitten über die Ebene glitt, an sein eigenes Mißgeschick, an das Pech bei der Jagd, das ihn ständig begleitete: er hatte ein gutes Auge, seine Hand war sicher, aber wenn er hinausgegangen war zur Jagd, war der Wind gegen ihn gewesen, oder die Tiere waren zu nervös, oder die Decke des Moores zu brüchig, so daß er sich nicht anschleichen konnte, und er war oft ohne Fleisch zurückgekehrt und fand Spott, fand tödlichen Spott, und sein Name hatte Eingang gefunden in ihre Spottlieder. Er mußte ihn tilgen, jetzt, da er heimlich aufgebrochen war.

Acht Stunden fuhr Atoq über die Ebene, dann sah er durch den Dunst die verwitterten Gletscher, und er glitt über wellenförmige Hügel, an grauen Felsblöcken vorbei, auf die Gletscher zu, bis er zu dem Tal und der verfallenen Jagdhütte seines Vaters kam. Sein Vater hatte das Gerüst der Hütte aus Walrippen gebaut, das Dach aus Moos und Grassoden; die Stürme waren über die Hütte hinweggegangen und hatten das Dach heruntergerissen, nur die Walrippen standen noch, breit und blaßgrau standen sie in fast vollkommenem Kreis, ein letztes Zeichen des großen Jägers. Atoq stellte den Schlitten an die Steinmauer, die zum Schutz gegen Bären um die Hütte lief; dann begann er, die Hütte und die Mauer auszubessern, er richtete sie notdürftig wieder her, denn er wußte, daß er mindestens eine Nacht in ihr verbringen mußte, und als er das Dach fertig hatte, setzte er sich in die Hütte, aß und legte sich hin.

Atoq hielt es nicht lange aus, die große Unruhe war über ihn gekommen, die große Unruhe des Jägers; er fühlte, daß Tiere in der Nähe waren, und er streifte den Bogen seines Vaters über den Rücken, nahm die Harpune mit dem Seil in eine Hand und die Flinte in die andere, und dann trat er aus der Hütte heraus und blickte über die Hügel, die mit Felsbrocken übersät waren. Er ging zur Moräne eines Gletschers hinauf, wo er früher mit seinem Vater gesessen hatte, aber hier traf er die Tiere nicht. Er durchstreifte das Gebiet des Gletschers und ging über die Hügel, und am Nachmittag fand er die Tiere in einer schmalen, nebligen Schlucht. Es waren fünf Tiere, er sah das braune Fell des alten Bullen und die schwarzen Felle der beiden Kühe und Kälber. Der Wind war gut.

Atoq ließ sich auf den Boden nieder, verbarg sich hinter einem Felsblock und beobachtete die Tiere: sie bewegten sich langsam, hoben nur selten den Kopf. Plötzlich verschwand der alte Bulle im Nebel, er war offenbar tiefer in die Schlucht hineingegangen. Atoq entschloß sich, zunächst eine der Kühe zu töten. Er verließ sein Versteck und kroch weiter auf die Tiere zu; er mußte, wenn der erste Schuß ohne Risiko abgefeuert werden sollte, näher herankommen, denn der fließende Nebel machte das Auge unsicher. Die Tiere boten außerdem ein schlechtes Ziel, sie hatten sich abgewandt und schienen dem alten Bullen zu folgen, der im Innern der Schlucht verschwunden war. Atoq folgte ihnen, folgte ihnen vorsichtig und langsam, denn er kannte die Klugheit des Moschusochsen und seine Kraft. Und dann erreichte er einen Hügel von Felsbrocken, der ihm Sicht bot und Schutz bei einem Angriff der Tiere von vorn, und Atoq kauerte sich hin und zielte auf eine der schwarzen Kühe.

Der Schuß warf ein dumpfes Echo durch die Schlucht, aber bevor das Echo noch erfolgte, wußte Atoq, daß er gefehlt hatte, denn im Augenblick des Schusses war vor ihm ein Schneehase aufgesprungen; er hatte so dicht vor ihm gelegen, daß Atoq erschrak und den Lauf hochriß. Er war so betroffen davon, daß er den Kopf hob und dem Hasen nachsah, der in wilder Flucht durch die Schlucht stob, er sah dem Hasen nach, bevor er sich um die Wirkung des Schusses kümmerte. Da hörte er sie dröhnend herankommen, und als er die Flinte zum zweiten Mal hob, schoß er auf das erste Tier, er schoß auf das Tier, das ihn als erstes zu erreichen drohte, und er sah, wie es in donnerndem Lauf stürzte, durch die Gewalt des Schusses zu Boden gerissen wurde und sich mehrmals überschlug. Aber die andern kamen näher, sie würden ihn erreichen, bevor er die Flinte zum dritten Mal heben konnte: diesmal wollte er nicht fliehen. Er hatte gesehen, wie die Hunde seines Vaters den angreifenden Tieren auswichen, er hatte sich diesmal auf alles vorbereitet, und er rollte sich blitzschnell von einem Felsblock zum andern und ließ die wütenden Tiere vorbeilaufen. Und Atoq lachte, als sie ins Leere vorbeistürzten, er lachte und spürte, daß es das Lachen seines Vaters war, mit dem er den Angriff begleitete, das einsame Lachen des großen Jägers. Er sah ihre langen, spitzen Hörner, die starken Nacken, er sah ihre wütenden kleinen Augen und lachte.

Aber auf einmal hörte er ihren dröhnenden Angriff von beiden Seiten, und als er zurücksah, entdeckte er den alten Bullen, der in seinen Rücken gelangt war, und Atoq wußte, daß es nur einen Weg für ihn gab: er mußte hinauf auf den Felsen, bevor sie bei ihm waren, er mußte auf den glatten Felsen hinauf. Er warf die Harpune auf die Plattform, sammelte Kraft für den entscheidenden Absprung und gebrauchte den Kolben der Flinte, um sich abzudrücken; der Kolben fand guten Halt, er geriet in eine Spalte, setzte sich fest, aber als Atoq, schon im Sprung, die Flinte nachreißen wollte, ließ die Spalte den Kolben nicht frei. Sie hatte ihn so festgeklemmt, daß er ihn nur senkrecht hätte herausziehen können, und um seinen Sprung nicht zu gefährden, mußte Atoq die Flinte loslassen. Er erreichte die Plattform, warf sich hin und sah zurück; hastig ergriff er die Leine der Harpune und ließ sie zu der Flinte hinab, er wollte die Leine unter den Abzug oder um das Schloß werfen und so versuchen, die Flinte nach oben zu ziehen, aber die Leine blieb am Lauf hängen, und durch eine kurze, heftige Bewegung wurde der Lauf nach hinten gerissen, der Spalt gab den Kolben frei, die Flinte überschlug sich und fiel hinab. Atoq stöhnte, als die Flinte hinabfiel, er beugte sich unwillkürlich weit über die Plattform, und er wäre hinabgesprungen, wenn nicht die Tiere in diesem Augenblick den Fuß des Felsens erreicht hätten.

Er hörte das Schnauben des alten Bullen, sah seinen mächtigen Nacken unter sich und die pulsenden Flanken, und dann sah er, wie der alte Bulle in seinem Zorn auf die Flinte trat, sie mit den Hörnern gegen den Felsen warf und in den Kolben biß, daß es splitterte. Der Mann beobachtete es unbeweglich, doch dann riß er den Bogen von seinem Rücken, nahm einen Pfeil und schoß ihn aus kurzer Entfernung mit aller Kraft in die Seite des alten Bullen, aber der Pfeil traf auf eine Rippe und drang kaum in das Tier ein: der Schaft und über die Hälfte des Pfeiles ragten heraus, und das Tier biß den Pfeil ab und zertrat ihn mit den Hufen. Atoq nahm einen neuen Pfeil, und dieser drang tief und zitternd in die Brust des alten Bullen ein, doch der Bulle stürzte nicht, er zog sich zu den übrigen Tieren zurück, die auf der anderen Seite des Felsens auf einer Klippe standen.

Während Atoq die Tiere beobachtete, stieg er von der Plattform hinab, er mußte in den Besitz der Flinte gelangen, nur mit der Flinte würde er die Schlucht verlassen können, und er sprang auf den Boden. Aber bevor er sich gebückt hatte, hörte er schon ihren donnernden Angriff, und er erklomm sofort wieder die Plattform. Bebend standen sie unter ihm, er hörte ihr Scharren, ihren heftigen Atem, und um Pfeile zu sparen, nahm Atoq Steine und schleuderte sie auf die Tiere hinab, um sie zu vertreiben. Es gelang ihm, sie zogen sich auf die Klippe zurück und warteten. Abermals stieg er hinab, um die Flinte zu holen, und diesmal hatte er Glück: er ergriff die Flinte am Lauf und brachte sie in Sicherheit; der Kolben war gesplittert, der Lauf verbogen, das Schloß öffnete sich nicht mehr: Atoq, der schlechteste Jäger von Gumber-Land, hatte den Spott nicht hinter sich gelassen.

Aber er gab nicht auf; er war heimlich hinausgegangen,

um seinen Namen aus ihren Spottliedern zu tilgen, er hatte diesen Tag lange vorbereitet, hatte mit allem gerechnet, und Atoq, der Jäger des Unglücks, schleuderte die Flinte wieder hinab und lachte, und es war das bittere Lachen seines Vaters. Er blickte in die Schlucht, er sah auf dem Boden der Schlucht das schwarze, schwere Tier liegen, das er beim ersten Angriff getötet hatte, es war seine Beute, Fleisch, das ihm jetzt schon gehörte, obwohl ihm der Zugang noch verwehrt war. Es würde den halben Schlitten füllen, es war genug, um ein Fleischgestell zu bedecken, genug, um dem Mann neue Kraft zu geben. Die Flinte war wertlos, aber er hatte noch Harpune und Bogen, und er stieg von der Plattform hinab, um die Tiere zu neuem Angriff zu reizen. Sie kamen, als sie ihn am Boden erblickten, donnernd heran, der alte Bulle, der den Pfeil in der Brust trug, zuerst, und auf ihn allein richteten sich die Augen des Jägers. Atoq wußte, daß sich die anderen Tiere endgültig zurückziehen würden, wenn er den alten Bullen getötet hatte, und er machte sich einen Plan. Er band das Ende der Harpunenleine um eine Felskante und nahm die Harpune in die Hand, er riß sie hoch, berechnend und kraftvoll, er hielt den schweren Schaft, ohne das Gewicht in seinem Arm zu spüren. Er drehte die eiserne Spitze nach unten und warf, warf mit aller Kraft, und die Harpune schoß herab und verschwand mit der Eisenspitze im Nackenansatz des Tieres. Der Bulle warf seinen Körper zur Seite, aber er strauchelte nicht, er knickte nicht ein, er raste mit den anderen Tieren zur Klippe zurück, schüttelte sich, zerrte, biß in die Leine, aber die elastische Leine aus Seehundsfell riß nicht: das Tier erreichte die Klippe, aber es erreichte sie mit der Harpune im Rücken, und Atoq nahm nun den Pfeil. Er legte den Pfeil auf den Bogen und stieg hinab und ging aufrecht und langsam auf die Klippe zu, er sah, daß die schweren Tiere sich zusammendrängten und den Nacken senkten, aber er änderte nicht seinen Weg; er ging auf sie zu, und als sie ihn angriffen, schoß er, und er traf den alten Bullen in den Hals. Er traf ihn im Sprung, und das Tier stürzte und blieb am Fuße der Klippe liegen. Atoq sah, daß auch dieser Pfeil nicht tödlich gewesen war, das Tier mußte sich einen Fuß gebrochen haben, jetzt hatte er gewonnen. Er rollte sich hinter einen Felsen und ließ die Angreifer ins Leere stürzen, und als er ihnen nachblickte, sah er, daß sie auf einen neuen Angriff verzichteten: sie wandten sich nicht um, sie verließen die Schlucht, sie ließen ihn allein.

Atoq tötete den alten Bullen, und nachdem er ihn getötet hatte, erkannte er, wer vor seinen Füßen lag: es war der, den sie Agdliartortoq nannten, »den ständig Wachsenden«, er war der, den schon viele Jäger ergebnislos gejagt hatten, das größte und stärkste Tier, das sie alle kannten und von dem sie mit schaudernder Ehrfurcht sprachen. Er hatte einige ihrer Leute getötet, er hatte selbst Atoqs Vater in Verlegenheit gebracht, den großen Jäger.

Obwohl der Kampf den Mann erschöpft hatte, begann er mit der Arbeit. Er wollte das Fleisch nicht über Nacht in der Schlucht liegen lassen, und er lud sich, soviel er jeweils tragen konnte, auf den Rücken und brachte das Fleisch zur Hütte. Er ging mehrmals, obwohl er sehr erschöpft war, er gönnte sich keine Rast und lief immer wieder von der Schlucht zur Hütte, und auf seinem letzten Weg nahm er die mächtigen spitzen Hörner des Bullen mit und die wertlose Flinte.

Atoq war am Ende seiner Kraft, aber eine Gewißheit erfüllte ihn: er wußte, daß sie seinen Namen aus den Spottliedern tilgen würden, sie mußten es tun, denn er hatte ihren Spott für alle Zeit widerlegt. Und er warf die mächtigen Hörner in die Hütte und schichtete das Fleisch vor der Mauer auf und bedeckte es mit großen Steinplatten; es waren Steinplatten, die schon sein Vater zum Zudecken des Fleisches benutzt hatte, sie waren groß und schwer zu bewegen, und als Atoq mit der Arbeit fertig war, brach die Nacht herein.

Es war keine entschiedene Nacht, ein stumpfes Licht lag über der Hütte, und wenn Atoq durch das Guckloch sah, hatte er den Eindruck, daß es Tag sei, zaghafter Tag unter diesem toten Himmel. Doch er wußte, zu welcher Zeit er aufgebrochen war und was er getan hatte, und er breitete die Felle auf dem Boden der Hütte aus, verbaute den Eingang mit Steinen und legte sich hin. Er spürte nichts als das dumpfe Glücksgefühl der Erschöpfung. Er rollte sich zusammen, schob den Arm unter die Wange, und während er tief und gleichmäßig atmete, wartete er auf den Schlaf, aber er konnte nicht einschlafen. Und nach einer Weile öffnete er die Augen und tastete mit der Hand hinter sich, wo die Hörner des alten Bullen waren: er berührte sie, und dann legte er sich auf den Rücken und blickte durch das Guckloch, blickte hinauf in den winzigen Ausschnitt des Himmels und dachte an seinen Vater. Er erinnerte sich, daß auch sein Vater nach der Jagd nie hatte schlafen können; wenn er selbst erwacht war, hatte er den alten Jäger in einem Winkel hocken sehen, schweigend und in ungeduldiger Erwartung des Lichts: nie hatte er ihn anzusprechen gewagt, er hätte auch nie eine Antwort erhalten. Atoq erinnerte sich daran.

Plötzlich hörte er einen knirschenden Schritt, und dann hörte er ein Rollen und Kratzen und gleich darauf ein mahlendes Geräusch von Zähnen. Er sprang auf, ergriff den Bogen und trat an das Guckloch, und innerhalb der Mauer, so nah, daß er ihn fast berühren konnte, sah Atoq einen Eisbären. Es war ein riesiges, mageres Tier, dessen Fell in dem stumpfen Licht einen grünlichen Schimmer hatte. Atoq sah, wie der Bär ein großes Stück von der Schulter des alten Bullen aufhob und gierig zu kauen begann. Der Geruch des Fleisches mußte ihn zur Hütte geführt haben, vielleicht kannte er den Platz noch aus der Zeit, da Atoqs Vater hier sein Fleisch zugedeckt hatte. Es war ein altes Muttertier, das sah Atoq sofort. Doch während er den einzelnen Bären beobachtete, hörte er von einer anderen Seite heftiges Kratzen, und als er an das zweite Guckloch trat, entdeckte er vier Bären, die die Steinplatten hochzuheben versuchten. Sie waren durch ein Loch in der Mauer zu dem Fleischplatz vorgedrungen, durch ein Loch, das auszubessern Atoq nicht für notwendig gehalten hatte, da er nur wenige Nächte in der Hütte hatte verbringen wollen. Die Bären wälzten die Steine zur Seite und verschlangen das Fleisch, das sie fanden, und Atoq lief von einem Guckloch zum anderen und sah, daß er verloren war. Er konnte die Flinte nicht mehr gebrauchen; wenn die Flinte tauglich gewesen wäre, hätte er die Bären vertreiben können, er hätte sich mit ihr sogar aus der Hütte gewagt, aber mit der Harpune allein und dem Bogen konnte er nichts ausrichten, die Bären hätten ihn zerrissen. Er legte einen Pfeil auf, hob die Spitze durch das Guckloch, zielte und schoß. Er schoß zuerst auf das Muttertier, weil er glaubte, daß sich mit ihm auch die beiden jungen Bären entfernen würden, die er auf der anderen Seite entdeckt hatte; der Pfeil schwirrte durch das Guckloch und traf den langen Nacken des Muttertieres, doch er traf ihn ohne wesentliche Kraft. Der Bär brummte wütend auf, ließ das Fleischstück fallen und sah sich um, und dann kam er so nah an das Guckloch heran, daß Atoq ihm mit dem Messer einen Stich beibringen konnte, keinen entscheidenden Stich, aber der Bär war gewarnt. Er ließ das Fleischstück liegen und trottete zu den anderen Bären hinüber; sie standen jetzt in einem Winkel, in den Atoq keinen Pfeil hineinschießen konnte, der Schaft wäre gegen die Kante des Gucklochs gestoßen, und das hätte dem Pfeil eine andere Richtung gegeben. Die Bären sahen lauernd zur Hütte herüber, sie hatten gemerkt, daß ihnen von dorther eine Gefahr drohte, aber sie waren nicht bereit, das Fleisch aufzugeben; nach einer Weile lauernden Abwartens holten sie ihre Fleischstücke, zogen sich außerhalb der Mauer zurück und schlangen weiter. Atoq hörte das scharfe Mahlen ihrer Zähne.

Er hatte nicht das ganze Fleisch zur Hütte gebracht, er hatte nur die besten und tragbaren Stücke genommen, das andere hatte er in der Schlucht zurückgelassen. Er wußte, daß am nächsten Tag kaum etwas davon zu finden sein würde, die Füchse würden dafür sorgen, die Raben und vielleicht auch andere Bären, die der Geruch anzog. Das Fleisch, das Atoq an der Hütte zugedeckt hatte, wäre gerade genug gewesen für seinen Schlitten, er hätte ihn so damit beladen können, daß die Flinte, wenn er sie obenauf gelegt hätte, in Höhe der Augen gewesen wäre, so, wie er es sich vorgestellt hatte. Hastig versuchte er die Menge des Fleisches nachzurechnen, die ihm, seiner Meinung nach, verblieben war; er hatte fünf Bären gezählt, und wenn sie nicht allzuviel forttrugen, mußte noch etwas für ihn bleiben, genug, damit er zumindest ein Fleischgestell bedecken könnte, und er überprüfte vom Guckloch aus die Steinplatten. Er konnte nur zwei erkennen, die noch nicht abgedeckt waren, zwei kleine Steinplatten in der Nähe des Eingangs, und an ihnen hing das dauernde Urteil des Spottes; er mußte verhindern, daß die Bären die letzten Steinplatten abdeckten, er war bereit, alles zu tun. Er beobachtete die Tiere in dem stumpfen Licht, ihre grünlich schimmernde Erscheinung; er ließ keine ihrer Bewegungen aus dem Auge, und er stand unentwegt am Guckloch, Atoq, der schlechteste Jäger von Gumber-Land.

Und jetzt sah er, wie sich das Muttertier mißtrauisch näherte, er sah die kleine schwarze Nase und den langen, schwankenden Nacken: das Tier kam auf den Eingang zu, näherte sich den letzten Steinplatten. Atoq ergriff einen Stock und bewickelte ihn mit einem Tuch, es war ein Fackeltuch, das er für die Nacht bereit gelegt hatte, und als er die Fackel hergestellt hatte, zündete er sie an. Sie brannte gut, und der Mann bückte sich in ihrem Schein und öffnete den Eingang zur Hütte um einen Spalt, dann nahm er die Harpune, und mit Harpune und Fackel trat er aus der Hütte heraus. Der Bär stand kurz vor ihm, es war ein riesiges Tier, er richtete sich sofort auf, als er den Mann erblickte, er war bereit, zu kämpfen. Atoq schleuderte die Harpune, aber in der Sekunde, da er sie schleuderte, ließ sich der Bär zur Seite fallen, und die Harpune streifte nur seinen Schenkel. Der Bär erhob sich sofort wieder, um anzugreifen, es sah aus, als wollte er Atoq mit seinem Gewicht erdrücken, aber da warf der Mann die Fackel, und die brennende Fackel traf die Brust des Bären; das Tier prallte zurück, ließ sich hinab und verschwand brummend hinter der Mauer.

Jetzt kamen die anderen Bären heran, die brennende Fackel hielt sie nicht ab, sie kamen durch das Loch in der Mauer, und Atoq war gezwungen, in die Hütte zurückzuweichen und den Eingang zu verbauen. Er hielt das Messer in der Hand und stand unmittelbar neben dem Eingang, und plötzlich sah er, wie ein Stein sich bewegte und herabfiel, er wurde von außen heruntergestoßen, und im gleichen Augenblick erschien eine breite, grauweiße Tatze in der Öffnung: jetzt stach Atoq zu. Er stieß das Messer mit voller Kraft in die Tatze, das Messer durchstieß sie und traf mit der Spitze gegen den unteren Stein, und der Bär zog die Tatze heftig zurück und brummte wütend. Atoq wartete; er glaubte, daß sie nun versuchen würden, in die Hütte einzudringen, er machte sich auf alles gefaßt, aber die Bären waren gewarnt, sie waren zu feige oder auch zu satt, und es erschien keine Tatze mehr in der Öffnung. Der Mann schloß die Öffnung wieder und stellte sich an das Guckloch; die Fackel brannte noch immer, sie erhellte den Schnee und den Umkreis der Hütte mit einem violetten Licht, und in diesem Licht bewegten die Bären die letzten Steinplatten zur Seite, holten das Fleisch heraus und trugen es fort. Atoq sah sie über den Hügel davontrotten, in schaukelnder Reihe, er sah ihnen bewegungslos nach. Er empfand bereits die Lähmung des Spottes, das unauslöschliche Urteil, das zu tilgen ihm nicht gelungen war, und er brach neben dem Eingang zusammen.

Als er erwachte, herrschte ein anderes Licht; er trat aus der Hütte hinaus, blickte gleichgültig über die Reste des Fleisches, die die Bären zurückgelassen hatten; er holte den Schlitten hinter der Mauer hervor und trug die Flinte heraus, den Bogen und die zersplitterte Harpune, und dann ging er noch einmal in die Hütte und trug die Hörner des alten Bullen zum Schlitten. Langsam glitt er über die Hügel zurück, der Jäger des Unglücks, stieß den Schlitten ohne Eile vorwärts; schweigend und ohne Trauer fuhr er unter dem toten Himmel heimwärts. Er hatte ihren Spott nicht widerlegt, sie würden weiterhin seinen Namen in ihren Spottliedern nennen, sie würden, da sie nun wußten, daß er unterwegs war, seine Heimkehr mit Spott bedenken, aber er mußte zurück, er mußte auf eine neue Chance warten.

Und dann glitt er über den großen Farnkrautberg, und er sah sie schon von weitem am Eingang stehen und ihm entgegenblicken, doch Atoq bremste nicht die Fahrt. Er fuhr mitten zwischen ihnen hindurch, er stieß den Schlitten durch ihr Spalier, den Schlitten, auf dem die wertlose Flinte lag, die zersplitterte Harpune und die Hörner des alten Bullen; er fuhr, der besiegte Jäger von Gumber-Land, mitten zwischen ihnen hindurch. Er blickte nur auf den Weg, und die ihn empfingen und auf seinen Schlitten sahen, sprachen nicht, sie schwiegen.

Die Flut ist pünktlich

Zuerst sah er ihren Mann. Er sah ihn allein heraustreten aus dem flachen, schilfgedeckten Haus hinter dem Deich, den Riesen mit dem traurigen Gesicht, der wieder seine hohen Wasserstiefel trug und die schwere Joppe mit dem Pelzkragen. Er beobachtete vom Fenster aus, wie ihr Mann den Pelzkragen hochschlug, gebeugt hinaufstieg auf den Deich und oben im Wind stehenblieb und über das leere und ruhige Watt blickte, bis zum Horizont, wo die Hallig lag, ein schwacher Hügel hinter der schweigenden Einöde des Watts. Und während er noch hinüberblickte zur Hallig, stieg er den Deich hinab zur andern Seite, verschwand einen Augenblick hinter der grünen Böschung und tauchte wieder unten neben der tangbewachsenen eisernen Spundwand auf, die sie weit hinausgebaut und mit einem Steinhaufen an der Spitze gesichert hatten. Der Mann ging in die Hocke, rutschte das schräge Steinufer hinab und landete auf dem weichen, grauen Wattboden, der geriffelt war von zurückweichendem Wasser, durchzogen von den scharfen Spuren der Schlickwürmer; und jetzt schritt er über den weichen Wattboden, über das Land, das dem Meer gehörte; schritt an einem unbewegten Priel entlang, einem schwarzen Wasserarm, der wie zur Erinnerung für die Flut dalag, nach sechs Stunden wieder zurückzukehren und ihn aufzunehmen mit steigender Strömung. Er schritt durch den Geruch von Tang und Fäulnis, hinter Seevögeln her, die knapp zu den Prielen abwinkelten und suchend und schnell pickend voraustrippelten; immer weiter entfernte er sich vom Ufer, in Richtung auf die Hallig unter dem Horizont, wurde kleiner, wie an jedem Tag, wenn er seinen Wattgang zur Hallig machte, allein, ohne seine Frau. Zuletzt war er nur noch ein wandernder Punkt in der dunklen Ebene des Watts, unter dem großen und grauen Himmel hier oben: er hatte Zeit bis zur Flut . . .

Und jetzt sah er von seinem Fenster aus die Frau. Sie trug einen langen Schal und Schuhe mit hohen Absätzen; sie kam unter dem Deich auf das Haus zu, in dem er wartete, und sie winkte zu seinem Fenster hinauf. Dann hörte er sie auf der Treppe, hörte, wie sie die Tür öffnete, zögernd von hinten näher kam, und jetzt wandte er sich um und sah sie an.

»Tom«, sagte sie, »oh, Tom«, und sie versuchte dabei zu lächeln und ging mit erhobenen Armen auf ihn zu.

»Warum hast du ihn nicht begleitet?« fragte er.

Sie ließ die Arme sinken und schwieg; und er fragte wieder: »Warum bist du mit deinem Mann nicht rübergegangen zur Hallig? Du wolltest einmal mit ihm rübergehen. Du hattest es mir versprochen.«

»Ich konnte nicht«, sagte sie. »Ich habe es versucht, aber ich konnte es nicht.«

Er blickte zu dem Punkt in der Verlorenheit des Watts, die Hände am Fensterkreuz, die Knie gegen die Mauer gedrückt, und er spürte den Wind am Fenster vorbeiziehen und wartete. Er merkte, wie die Frau sich hinter ihm in den alten Korbstuhl setzte, es knisterte leicht, ruckte und knisterte, dann war sie still, nicht einmal ihr Atem war zu hören.

Plötzlich drehte er sich um, blieb am Fenster stehen und beobachtete sie; starrte auf das braune Haar, das vom Wind versträhnt war, auf das müde Gesicht und die in ruhiger Verachtung herabgezogenen Lippen, und er sah auf ihren Nacken und die Arme hinunter bis zu ihrer schwarzen, kleinen Handtasche, die sie gegen ein Bein des alten Korbstuhls gelehnt hatte . . .

»Warum hast du ihn nicht begleitet?« fragte er.

»Es ist zu spät«, sagte sie. »Ich kann nicht mehr mit ihm zusammen sein. Ich kann nicht allein sein mit ihm.«

»Aber du bist mit ihm hier raufgekommen«, sagte er.

»Ja«, sagte sie. »Ich bin mit ihm auf die Insel gekommen, weil er glaubte, es ließe sich hier alles vergessen. Aber hier ist es noch weniger zu vergessen als zu Hause. Hier ist es noch schlimmer.«

»Hast du ihm gesagt, wohin du gehst, wenn er fort ist?«

»Ich brauche es ihm nicht zu sagen, Tom. Er kann zufrieden sein, daß ich überhaupt mitgefahren bin. Quäl mich nicht.«

»Ich will dich nicht quälen«, sagte er, »aber es wäre gut gewesen, wenn du ihn heute begleitet hättest. Ich habe ihm nachgesehen, wie er hinausging, ich stand die ganze Zeit am Fenster und beobachtete ihn draußen im Watt. Ich glaube, er tat mir leid.«

»Ich weiß, daß er dir leid tut«, sagte sie, »darum mußte ich dir auch versprechen, ihn heute zu begleiten. Ich wollte es deinetwegen tun; aber ich konnte es nicht. Ich werde es nie können, Tom. – Gib mir eine Zigarette.«

Der Mann zündete eine Zigarette an und gab sie ihr, und nach dem ersten Zug lächelte sie und zog die Finger durch das braune, versträhnte Haar. »Wie sehe ich aus, Tom?« fragte sie. »Sehe ich sehr verwildert aus?«

»Er tut mir leid«, sagte der Mann.

Sie hob ihr Gesicht, das müde Gesicht, auf dem wieder der Ausdruck einer sehr alten und ruhigen Verachtung erschien, und dann sagte sie: »Hör auf damit, Tom. Hör auf, ihn zu bemitleiden. Du weißt nicht, was gewesen ist. Du kannst nicht urteilen.«

»Entschuldige«, sagte der Mann. »Ich bin froh, daß du gekommen bist«, und er ging auf sie zu und nahm ihr die Zigarette aus der Hand. Er drückte sie unterm Fensterbrett aus, rieb die Reste der kleinen Glut herunter, wischte die Krümel weg und warf die halbe Zigarette auf eine Kommode. Die untere Seite des Fensterbretts war gesprenkelt von den schmutzigen Flecken ausgedrückter Zigaretten. Ich muß sie mal abwischen, dachte er; wenn sie weg ist, werde ich die Flecken abwischen, und jetzt trat er neben den alten Korbstuhl, faßte ihn mit beiden Händen oben an der Lehne und zog ihn weit hintenüber.

»Tom«, sagte sie, »oh, Tom, nicht weiter, bitte, nicht weiter, ich falle sonst, Tom, du kannst das nicht halten.« Und es war eine glückliche Angst in ihrem Gesicht und eine erwartungsvolle Abwehr . . .

»Laß uns hier weggehen, Tom«, sagte sie danach, »irgendwohin. Bleib noch bei mir.«

»Ich muß mal hinaussehen«, sagte er, »einen Augenblick.«

Er ging zum Fenster und sah über die Einsamkeit und Trübnis des Watts; er suchte den wandernden Punkt in der Einöde draußen, zwischen den fern blinkenden Prielen, aber er konnte ihn nicht mehr entdecken.

»Wir haben Zeit bis zur Flut«, sagte er. »Warum sagst du das nicht? Du bist immer nur zu mir gekommen, wenn er seinen Wattgang machte zur Hallig raus. Sag doch, daß wir Zeit haben für uns bis zur Flut. Sag es doch.«

»Ich weiß nicht, was mit dir los ist, Tom«, sagte sie,

»warum du so gereizt bist. Du warst es nicht in den letzten zehn Tagen. In den letzten zehn Tagen hast du mich auf der Treppe begrüßt.«

»Er ist dein Mann«, sagte er gegen das Fenster. »Er noch immer dein Mann, und ich hatte dich gebeten, heute mit ihm zu gehen.«

»Ist es dir heute eingefallen, daß er mein Mann ist? Es ist dir spät eingefallen, Tom«, sagte sie, und ihre Stimme war müde und ohne Bitternis. »Vielleicht ist es dir zu spät eingefallen. Aber du kannst beruhigt sein: er hat aufgehört, mein Mann zu sein, seitdem er aus Dharan zurück ist. Seit zwei Jahren, Tom, ist er nicht mehr mein Mann. Du weißt, was ich von ihm halte.«

»Ja«, sagte er, »du hast es mir oft genug erzählt. Aber du hast dich nicht von ihm getrennt; du bist bei ihm geblieben, zwei Jahre, du hast es ausgehalten.«

»Bis zum heutigen Tag«, sagte sie, und sie sagte es so leise, daß er sich vom Fenster abstieß und sich umdrehte und erschrocken in ihr Gesicht sah, in das müde Gesicht, über das jetzt eine Spur heftiger Verachtung lief.

»Ist etwas geschehen?« fragte er schnell.

»Was geschehen ist, geschah vor zwei Jahren.«

»Warum hast du ihn nicht begleitet?«

»Ich konnte nicht«, sagte sie, »und jetzt werde ich es nie mehr brauchen.«

»Was hast du getan?« fragte er.

»Ich habe versucht zu vergessen, Tom. Weiter nichts, seit zwei Jahren habe ich nichts anderes versucht. Aber ich konnte es nicht.«

»Und du bist bei ihm geblieben und hast dich nicht getrennt von ihm«, sagte er. »Ich möchte wissen, warum du es ausgehalten hast.«

»Tom«, sagte sie, und es klang wie eine letzte, resignierte Warnung, »hör mal zu, Tom. Er war mein Mann, bis sie ihm den Auftrag in Dharan gaben und er fortging für sechs Monate. So lange war er es, und als er zurückkam, war es aus. Und weil du dein Mitleid für ihn entdeckt hast heute, und weil du wohl erst jetzt bemerkt hast, daß er mein Mann ist, will ich dir sagen, was war. Er kam krank zurück, Tom. Er hat sich in Dharan etwas geholt, und er wußte es. Er war sechs Monate fort, Tom, sechs Monate sind eine Menge

Zeit, und es gibt viele, die es verstehen, wenn so etwas passiert. Vielleicht hätte ich es auch verstanden, Tom. Aber er war zu feige, es mir zu sagen. Er hat mir kein Wort gesagt.«

Der Mann hörte ihr zu, ohne sie anzusehen; er stand mit dem Rücken zu ihr und sah hinaus, sah den grünen Wulst des Deiches entlang, der in weitem Bogen zum Horizont lief. Ein Schwarm von Seevögeln kam von den Prielen draußen im Watt zurück, segelte knapp über den Deich und fiel in jähem Sturz in das Schilf bei den Torfteichen ein. Sein Blick lief suchend über das Watt zur Hallig, wo sich jetzt der wandernde Punkt lösen mußte; jetzt mußte er die Rückwanderung antreten, um vor der Flut auf dem Deich zu sein: er war nicht zu erkennen.

»Und du bist zwei Jahre bei ihm geblieben«, sagte der Mann. »So lange hast du es ausgehalten und nichts getan.«

»Ich habe zwei Jahre gebraucht, um zu begreifen, was passiert ist. Bis heute morgen hat es gedauert. Als ich ihn begleiten sollte, habe ich es gemerkt, Tom, und du hast mir geholfen dabei, ohne daß du es wolltest. Du hast aus Mitleid oder aus schlechtem Gewissen verlangt, daß ich ihn begleiten sollte.«

»Er ist immer noch nicht zu sehen«, sagte der Mann. »Wenn er vor der Flut hier sein will, müßte er jetzt zu erkennen sein.«

Er öffnete das Fenster, befestigte es gegen den Widerstand des Windes mit eisernen Haken und blickte über das Watt.

»Tom«, sagte sie, »oh, Tom. Laß uns weggehen von hier, irgendwohin. Laß uns etwas tun, Tom. Ich habe so lange gewartet.«

»Du hast dir lange etwas vorgemacht«, sagte er, »du hast versucht, etwas zu vergessen, und dabei hast du gewußt, daß du es nie vergessen kannst.«

»Ja«, sagte sie, »ja, Tom. So etwas kann kein Mensch vergessen. Wenn er es mir gleich gesagt hätte, als er zurückkam, wäre alles leichter gewesen. Ich hätte ihn verstanden, vielleicht, wenn er nur ein Wort gesagt hätte.«

»Gib mir das Fernglas«, sagte er.

Die Frau zog das Fernglas vom Bettpfosten, gab es ihm mit dem ledernen Etui, und er öffnete es, hob das Glas und suchte schweigend das Watt ab.

»Ich kann ihn nicht finden«, sagte der Mann, »und im Westen kommt die Flut.«

Er sah die Flut in langen Stößen von Westen herankommen, flach und kraftvoll über das Watt hin ziehend; sie rollte vor, verhielt einen Augenblick, als ob sie Atem schöpfe, und stürzte sich in Rinnen und Priele, und kam dann wieder schäumend aus ihnen hervor, bis sie die eiserne Spundwand erreichte, sich sammelte und hochstieg an ihr und unmittelbar neben dem schrägen Steinufer weiterzog, so daß die dunkle Fläche des Watts gegen Osten hin abgeschnitten wurde.

»Die Flut ist pünktlich«, sagte er. »Auch dein Mann war pünktlich bisher, aber ich kann ihn jetzt nicht sehen.«

»Laß uns weggehen von hier, Tom, irgendwohin.«

»Er kann es nicht mehr schaffen! Hörst du, was ich sage? Er ist abgeschnitten von der Flut, weißt du das?«

»Ja, Tom.«

»Er war jeden Tag pünktlich zurück, lange vor der Flut. Warum ist er noch nicht da? Warum?«

»Seine Uhr, Tom«, sagte sie, »seine Uhr geht heute nach.«

Auch er ist hier hängengeblieben, auch Bunsen, mein Boots-
mannsmaat aus dem Krieg: festes Wangenfleisch, sauber
zugeknöpft und mit seinem Blick, dem nichts verborgen
bleibt – so fand ich ihn unten in den Grünanlagen, so stand
er und beobachtete die Modenschau im Freien. Er photographierte; er trug einen Kasten an ledernem Achselriemen,
einen sehr kleinen Photoapparat in der Hand, und ich sah,
wie er manchmal schnell in die Hocke ging, sich nach vorn
beugte, weit auslegend zur Seite: sein Blick, dem nichts verborgen bleibt, der uns einst hatte schaudern lassen, er ver-
band sich jetzt mit der Irrtumslosigkeit des Apparats, mit
seiner unwiderruflichen Beweiskraft. Lose lag der Finger auf
dem Auslöser, die Oberlippe hob sich zu einem feinen, ge-
quälten Grinsen, und es durchzuckte mich jedesmal, wenn
der Auslöser klickend niederging.

Es durchzuckte mich, wenn er die Linse des Apparats auf
den Laufsteg richtete, auf die vorführenden Frauen, die mit
warmem Lächeln die Wünsche der Hausfrau über den Steg
trugen, geblümte Schürzen, geblümte Kittel mit Krause, die
schlichte Schönheit der Küche – immer erschrak ich, fürchtete, daß sein Blick, dem nichts verborgen bleibt, etwas entdecken könnte, einen Fehler im Stoff, einen Fleck, eine unan-
gebrachte Falte.

Doch er photographierte nur, blickte sorgfältig und
photographierte; von unten photographierte er, aus künst-
lerischer Schräglage, und auf einmal sah ich, wie er, bevor
noch das Klicken des Auslösers erfolgt war, den Apparat
langsam absetzte, zögernd, mit einem Ausdruck von Staunen,
den man bei seinem Blick nicht erwartete: er hatte mich entdeckt. Mit zögerndem Lächeln kam er auf mich zu – bist du's
oder bist du's nicht – kam mit seiner ganzen Ausrüstung
herüber, ja, ich war es, und er streckte mir beide Arme als
Gruß entgegen.

»Junge«, sagte er, »alter Junge.«

»Ja«, sagte ich.

Freude hatte ihn ergriffen, schulterklopfende Fröhlichkeit,
und er betrachtete mich sorgfältig von allen Seiten und sagte:

»Junge, alter Junge.«

Er ließ den Apparat verschwinden, packte alles ein und hakte mich unter; sehr fest, sehr kameradschaftlich nahm er meinen Arm, fester Kriegskameradengriff; unwichtig, daß er meinen Namen vergessen hatte, den Ort, wo wir uns zum letzten Mal gesehen – es war im Krieg gewesen, und das genügte, gab mir eine Menge Kredit: »Junge, alter Junge.«

Er zog mich runter in eine Kellerkneipe, wir tranken Bier und rauchten seine Zigaretten, und sein Blick, dem nichts verborgen bleibt, ruhte auf mir, während er erzählte.

Bunsen war Photograph geworden, Werbephotograph; er hatte von unten angefangen, als Unbekannter; oh, er kannte die Niederungen der Mühsal, das traurige Dasein ohne eigene Dunkelkammer, er hatte das Elend eines Photographen noch nicht vergessen – jetzt war es vorbei, jetzt kamen Firmen zu ihm, er durfte wählen.

»Und du weißt, Junge, was das heißt, wenn man wählen darf.«

»Ja«, sagte ich.

»Und du?« sagte er.

»Was?«

»Hast du was gefunden?«

»Verschiedenes«, sagte ich.

»Verschiedenes ist nicht gut, man soll nicht zu oft wechseln.«

»Ja.«

»Und jetzt?« fragte er.

»Verschiedenes in Aussicht.«

Ich erschauerte, ich erschrak plötzlich wie beim Kleiderappell damals; denn seine Oberlippe hob sich, sein Blick hatte einen festen Punkt an mir entdeckt, lag ruhig und berechnend auf meiner Schulter.

»Junge«, sagte er, »hör zu, alter Junge: du bist gut für mich, du könntest anfangen bei mir; ich brauche ein Modell für eine Serie. Du bist sehr gut dafür, du bist sogar besser als jeder andere, und vielleicht hätte ich dich suchen lassen, wenn wir uns nicht getroffen hätten. Es ist eine Zeitschriftenserie, und niemand ist dafür so geeignet wie du.«

»Wodurch bin ich geeignet?« sagte ich.

»Durch dein Gesicht«, sagte er, »durch dein verdrossenes Gesicht. Du hast schon immer so ausgesehen, als ob dir etwas

Kummer macht, als ob du mit der Welt nicht einverstanden bist – das ist sehr gut. Nicht einmal zu spielen brauchst du, der Kummer wirkt sehr natürlich bei dir; du bist sehr gut für die Serie.«

»Was soll ich denn machen dabei?«

»Garnichts, Junge. Du brauchst überhaupt nichts zu machen. Du brauchst nur so zu gucken, wie du jetzt guckst, und du wirst mit diesem Gesicht und dem Kummer gut verdienen.«

Wir gingen in sein Atelier, machten Probeaufnahmen, und während ich in Zeitschriften blättern durfte, entwickelte er die Aufnahmen in der Dunkelkammer, und dann hörte ich ihn rufen, freudiger Kriegskameradenruf: die Bilder hatten seine Erwartung übertroffen; wir konnten beginnen.

Ich hatte nichts zu tun, mein Blick genügte ihm, mein verdrossenes Gesicht; Bunsen befahl nur den Einsatz: ich mußte meinen Kummer, meine Verdrossenheit an einen Mann wenden, der ohne Schlips ging; ich setzte meine Verdrossenheit bei einem älteren Zeitgenossen ein, dessen Jacke mit Schuppen bedeckt war, mit ausgefallenen Haaren: Bunsen war sehr zufrieden mit mir, mit dem Grad der Mißbilligung auf meinem Gesicht.

»Das kommt gut raus, Junge«, sagte er, »sehr gut. Bei deinem Blick wird keiner mehr ohne Schlips gehen, und wer noch nichts gegen Schuppen getan hat, der wird es nachholen. Die Verdrossenheit in deinem Gesicht ist Kritik und Anklage.«

Dann machten wir Bilder von einem hutlosen Zeitgenossen, ich vernichtete ihn durch meinen Blick; mein Gesicht klagte eine Hausfrau an, die eine nicht ergiebige Suppenwürze, einen Jungen, der keine wissenschaftlich zusammengesetzte Zahnpasta benutzte, einen Hausherrn, der keinen Sekt im Hause hatte: mein Ernst, meine Verdrossenheit richteten sie. Niemand war mehr sicher vor meinem anklagenden Kummer, überall tauchte ich auf, mißbilligend und mahnend, tauchte auf in unvollständigen Küchen, zwischen schlecht polierten Möbeln, hinter leicht beschlagenen Rasierspiegeln, vor denen man noch immer nicht die neue Klinge benutzte, den neuen Apparat.

Ein stiller, anklagender Mond: so stand mein Gesicht über jedem Ort, wo der rechte Kauf versäumt, das geziemende

Mittel vergessen war; meine Partner wechselten vor Bunsens Kamera, die Kulissen wechselten, nur ich, ich blieb. Mein Kriegskamerad zog mich durch die ganze Serie, setzte mein verdrossenes Gesicht perspektivisch ein: er hatte mir seinen Blick übertragen, den Blick, dem nichts verborgen bleibt. Ich sah mein Gesicht in den Zeitschriften, fand mich wieder in preiswerten Inseraten; der natürliche Kummer in meinem Gesicht machte sich bezahlt. Ich durfte ihn einsetzen, um den Zeitgenossen zu minimaler Pflicht anzuhalten, dem Haarausfall überlegen zu begegnen, Sekt ständig bereit zu halten; oh, ein anklagendes Gesicht erreicht mehr als Worte.

Und mein Gesicht erreichte, daß sich ein Mann ein Sparkassenbuch zulegte, ein anderer eine Lebensversicherung abschloß; ich erreichte es, indem ich den Nichtsparer, den Unversicherten mit inständigem Vorwurf ansah – Bunsen setzte mein Gesicht entsprechend ein.

Doch dann erfolgte etwas Sonderbares: Bunsen brachte einen neuen Partner ins Atelier, einen kleinen, vergrämten Mann; der sollte brütend am Fenster sitzen, ausgeschlossen von der Welt: er hatte einen Schwarzseher darzustellen, einen Mann, von dem alle Freunde sich losgesagt hatten, weil er keinen Humor besaß, weil er es ablehnte, das »Goldene Hausbuch des Humors« zu beziehen. Gemieden und ausgeschlossen, skeptisch gegenüber der Zukunft, so saß er am Fenster, schwermütig sinnend über den Grund seiner Einsamkeit: ein Felsen der Freudlosigkeit – ich stand schräg hinter ihm. Ich stand hinter ihm, blickte ihn an in Erwartung des klickenden Auslösergeräusches, aber das Geräusch erfolgte nicht, erlöste uns nicht.

»Junge«, sagte Bunsen, »was ist los, alter Junge?«

»Geht's nicht?« fragte ich.

»Dein Gesicht«, sagte er, »wo ist dein Gesicht?«

»Ich hab es bei mir.«

»Das ist nicht dein Gesicht«, sagte er, »nicht das Gesicht, das ich brauche. Du siehst ihn nicht kummervoll an, bei dir ist keine Anklage und kein Vorwurf. Du guckst ihn an, als ob du Mitleid mit ihm hast. Fast könnte man denken, du willst ihm gratulieren.«

»Versuchen wir's noch einmal«, sagte ich.

Wir versuchten es noch einmal, wir probierten wieder und wieder, doch das erlösende Geräusch des Auslösers erfolgte nicht: mein Gesicht mußte sich unwillkürlich geändert haben, ich konnte den kleinen Schwarzseher nicht anklagen, ihn nicht vernichten – ich konnte es nicht. Ich spürte eine heimliche Hingezogenheit zu ihm, empfand eine sanfte Sympathie für sein Unglück; mein Gesicht gehorchte mir nicht mehr.

»Junge«, rief Bunsen, »was ist los, alter Junge? Schau mal in den Spiegel.«

Ich trat vor einen Spiegel, ungläubig, überrascht: ja, ich sah, daß ich lächelte, teilnahmsvoll lächelte, und ich wußte, daß diese Teilnahme aufrichtig war. Und ich ging zu ihm, zu meinem kleinen, vergrämten Kollegen, von dem sich alle Freude losgesagt hatten, weil er keinen Humor besaß, kein fröhliches Vertrauen zur Zukunft, und ich gab ihm die Hand.

»Junge«, rief Bunsen, »willst du nicht weitermachen, alter Junge?«

»Nein«, sagte ich, »jetzt – jetzt kann ich nicht mehr.«

Das Flußbett war leer. Es war leer und weiß und mit trocke-
nen, flachen Kieseln bedeckt, und es hatte steile, zerrissene
Böschungen und war wasserlos bis hinauf zu den Bergen.
Das Flußbett war tief eingeschnitten ins Gestein und machte
jähe Biegungen, und Vittorio ging langsam das Flußbett hinauf und blieb vor jeder Biegung stehen: es war Abend, die
Berge hatten ihre Schatten, und als Vittorio in die Schatten
geriet, begann er zu frieren. Er trug noch immer das leichte
Flanellzeug, das sie ihm in Mammone gegeben hatten; das
Lager in Mammone war von Marmorbrüchen umgeben, gelb,
staubig und heiß, und das Zeug, das er trug, war nur gut für
die flimmernden Marmorbrüche, es war zu leicht für die
Schatten und den Wind der Berge.

Mehr als sechzig Meilen hatte Vittorio zurückgelegt, er
hatte sich im Gestrüpp der Macchia verborgen, in den
schwarzen, runden Steinhäusern der Hirten; er hatte nachts
die Schlucht von Aranca durchquert und war am Mittag auf
das leere Flußbett gestoßen: er kannte das Flußbett, er
wußte, wohin es führte, wohin es ihn bringen würde. Und
er ging langsam über die flachen Kiesel, ging geduckt und
blieb vor jeder Biegung stehen, und als er die sieben Steine
erreicht hatte, konnte er das Dorf sehen.

Das Dorf lag auf einem Plateau: es hatte eine weiße Kirche,
einen freien, staubigen Platz vor der Kirche und zweimal
zwanzig Hütten. Neben den Hütten standen staubbedeckte
Opuntien, und weit unter ihnen leuchtete rötlicher Fels. Der
Platz vor der Kirche war verlassen, das ganze Dorf schien
verlassen, nur in einem größeren Haus brannte Licht, und
dieses Haus lag für sich da und war von Zedern umschlossen,
und Vittorio wußte, daß es das Haus von Don Poddu war.
Er verließ das Flußbett, legte sich der Länge nach auf den
Boden und beobachtete das Dorf, er beobachtete die schmale,
geteerte Straße, die zum Dorf hinaufführte, die staubige
Plaza und das Haus unter den Zedern, und während er auf der
Erde lag und beobachtete, wurde er angerufen. Vittorio
kannte die Stimme, die ihn anrief, sie war ihm vertraut, obwohl er sie vier Jahre nicht gehört hatte, und er erhob sich

beim Anruf und trat hinter die sieben Steine. Er sah, daß alle gekommen waren, neun Männer standen hinter den Steinen; sie trugen gelbes und braunes Manchesterzeug und Ballonmützen, an den Beinen trugen sie hohe, staubgepuderte Gamaschen, und jeder von ihnen hatte eine großkalibrige Schrotflinte. Es waren ältere Männer. Sie begrüßten Vittorio, sie reichten ihm die Hand, sie umarmten ihn nachlässig und schweigend und befahlen ihm, sich mit dem Rücken gegen einen Stein zu setzen.

»Wir wußten, daß du kommst«, sagte Sandro. »Wir wußten es. Noch bevor du an der Schlucht warst, ließ Don Poddu das Tor schließen. Noch bevor du an der Schlucht warst, hat er zwei Leute mit Flinten an die Dachluken geschickt. Alle wußten, daß du geflohen und unterwegs warst.«

»Ich werde ihn nicht töten«, sagte Vittorio. »Ich bin nicht zurückgekommen, um ihn zu töten. Ich habe dreizehn Jahre für ihn gearbeitet, und ich war ein guter Hirte. Ihr wißt, daß ich ein guter Hirte war. Es war nicht meine Schuld, daß das Schaf abstürzte. Es ist durch eigene Schuld abgestürzt, und ich sah es unterhalb des Passes mit gebrochenem Rückgrat liegen. Ihr wißt, daß ich die Wahrheit sage. Wer mit euch redet, wird immer die Wahrheit sagen. Ich habe auch Don Poddu die Wahrheit gesagt, aber als wir hinausgingen und das abgestürzte Schaf suchten, war es verschwunden, und Don Poddu glaubte, ich hätte das Schaf verkauft. Und ihr erinnert euch, daß er mich an eine Zeder hängen ließ. Und da sagte ich, daß ich es verkauft hatte, aber ich sagte es nur, weil sie mich sonst wirklich aufgehängt hätten, und ihr wißt, daß sie mich dann für acht Jahre nach Mammone brachten. Aber ich bin schon nach vier Jahren zurückgekommen, und ihr sollt sagen, was richtig ist und was ich tun soll.«

Die Männer schickten ihn in das Flußbett zurück; Vittorio lehnte sich gegen die Böschung und wartete, und er hörte aus der Ferne ihre Stimmen, ihre murmelnde Beratung, und wußte, daß sie von ihm sprachen. Der Abend ging vorüber, es wurde Nacht, und Vittorio hörte immer noch die Männer sprechen, er konnte nicht verstehen, was sie sagten; er rieb seine Hände und Kniegelenke warm und wartete. Dann tauchte Sandro über der Böschung auf, Vittorio sah ihn groß und unbeweglich gegen den Nachthimmel dastehen; Sandro hielt seine Flinte am Lauf und sagte nur: »Du bleibst hier«, und Vittorio wußte, daß sie ihm vertrauten. Er tastete nach Sandros Fuß, um sich zu bedanken, aber er fand den Fuß in der Dunkelheit nicht, er fühlte nur, wie Sandro seine Flinte die Böschung hinabrutschen ließ und nach der Flinte den Patronengurt, und Vittorio fing beides auf und sagte: »Gut, Sandro.«

»Wir werden mit Don Poddu reden«, sagte Sandro, »zwei werden heute nacht mit ihm reden. Don Poddu soll dir Geld geben für die Zeit in Mammone, und morgen wirst du ins Dorf zurückkommen und bei uns bleiben.«

Sandro ging zu den anderen zurück, die bei den Steinen standen, und Vittorio war allein im Flußbett; er legte den Patronengurt auf die Erde und lehnte die Flinte gegen die Böschung. Er hörte, wie die Männer zum Paß hinunterstiegen, aber er konnte sie nicht mehr erkennen. Er beobachtete, hinter einem Stein liegend, das Haus von Don Poddu, er beobachtete es so lange, bis für einen Augenblick ein breiter Lichtschein zu sehen war, und da wußte er, daß die beiden Männer durch Don Poddus Tür gegangen waren, um in seiner Sache zu sprechen. Er wußte nicht, welche Männer Sandro bestimmt hatte, vielleicht, dachte er, war es Sandro selbst, der mit einem anderen für ihn sprach; er versuchte, sich ihre Worte vorzustellen und ihre Gesichter, und er dachte an die Augen von Don Poddu.

Vittorio wußte, daß jeder dem Spruch des Tribunals nachkam; solange er denken konnte, hatte sich niemand gegen das Tribunal der Berge aufgelehnt, auch Don Poddu würde sich seinem Spruch unterwerfen, auch der jähzornige, einsame Mann mit den entzündeten Augen. Und während Vittorio das Plateau beobachtete, dachte er an Don Poddu, er sah ihn in Stiefeln mit silbernen Knöpfen unter den Zedern stehen, eine Axt in der Hand; er sah, wie Don Poddu die Axt hob und sie alle, die um ihn herumstanden, aus seinen entzündeten Augen ansah, und dann duckten sie sich, als der riesige Mann die Axt schwang und sie zwölfmal mit ungeheurer Kraft gegen eine Zeder schlug, und sie liefen auseinander, um von dem stürzenden Baum nicht getroffen zu werden. Und Vittorio erinnerte sich, wie Don Poddu lachte und ihnen befahl, näher heranzukommen, und als sie bei ihm standen, verlangte er, daß sie es nachmachen sollten – aber niemand wagte es, weil es niemand geschafft hätte.

Vittorio sah auch, wie sie ihn eines Tages nach der Mufflonjagd über die Veranda trugen, mit einem Schuß in der Schulter, und niemand konnte sich erklären, woher der Schuß gekommen war. Sie hatten geglaubt, daß Don Poddu sich von dem Schuß niemals erholen werde, aber er war schon nach vier Monaten wieder zu sehen, nur sein linker Arm taugte nichts mehr. Von da ab ließ er sich nur noch auf der Veranda sehen; man munkelte viel über den Schuß, man glaubte sogar, daß Don Poddu wüßte, woher der Schuß gekommen war, aber etwas Genaues konnte man nicht erfahren. Don Poddu ließ sich nie mehr auf den Feldern sehen und in den Bergen; er wurde mißtrauisch, vorsichtig und hinterhältig, und Vittorio versuchte, sich seine Augen vorzustellen, mit denen er jetzt die beiden Männer ansah. Und er dachte, daß Don Poddu sich dem Spruch unterwerfen würde, er würde ihm eine Entschädigung für die Zeit in Mammone geben: Vittorio wartete auf den Morgen, um ins Dorf hinunterzugehen.

Er holte die Flinte und den Patronengürtel aus dem Flußbett herauf, hockte sich hinter den Steinen hin; er zog seine Knie nah an den Leib heran, umfing sie mit seinen Armen; er legte den Kopf nach vorn und versuchte zu schlafen, und als die Sonne um die Berge herumkam, legte er sich flach auf den Boden und sah zum Dorf hinunter. Und nach einer Weile hörte er Motorengeräusch vom Paß her, er blickte auf die geteerte Straße, die zum Dorf lief; er blickte auf einen Knick der Straße, wo sie ohne Mauerschutz war und steil abfiel, und da sah er vier Motorräder hintereinander aus dem Knick herausschießen. Auf den Motorrädern saßen vier Karabinieri, sie trugen Maschinenpistolen vor der Brust, sie fuhren schnell und sicher die geteerte Straße zum Dorf hinauf und hielten unter den Zedern von Don Poddus Haus. Drei von ihnen gingen in das Haus hinein, Vittorio sah, daß ihnen von innen geöffnet wurde, er schob sich langsam hinter die Steine zurück und schnallte den Patronengurt um. Es dauerte lange, bis die Karabinieri das Haus verließen. Aber sie verließen es nur für einen Augenblick, sie gingen nur zu den Motorrädern und schoben sie unter die Veranda; dann wurden Stühle auf die Veranda hinausgetragen, und die Karabinieri setzten sich an einen Tisch. Vittorio erkannte noch einen fünften Mann, und er wußte, daß es Don Poddu war und daß sich Don Poddu dem Spruch nicht unterworfen hatte. Er hatte die

Karabinieri ins Dorf geholt; vielleicht wußte er, daß Vittorio sein Haus beobachtete, vielleicht wollte er ihm, da sie auf der Veranda saßen, zu erkennen geben, daß er gewarnt und bereit wäre und daß die Karabinieri bald mit der Jagd beginnen würden.

Vittorio hörte ein Geräusch im Flußbett, hörte den klikkenden Zusammenstoß von Kieselsteinen, und er zog die Flinte in die Hüfte ein und trat hinter einen Felsvorsprung. Er konnte den weißen, leeren Boden des Flußbettes sehen und wartete. Er hörte, wie jemand das Flußbett heraufkam, denselben Weg, den er auch gegangen war, und er hob langsam die alte Flinte und richtete sie auf die Mitte des Flußbetts. Aber dann sah er zwei nackte Füße über die Kiesel gleiten, erkannte einen Korb und einen Arm, der den Korb trug, und er sah einen Rock und den Körper eines Mädchens, und im nächsten Augenblick erkannte er das Mädchen. Es war Maddalena. Sie kam mit einem Korb zu ihm herauf, ein barfüßiges Mädchen mit langem, gefettetem Haar und einem kurzen Peitschenstock in der freien Hand. Sie war nicht erstaunt, als Vittorio hinter dem Felsen hervorkam, sie setzte den Korb auf die Erde und lachte, und dann ging sie zu ihm und begrüßte ihn. Sie setzten sich hinter die Steine, Maddalena packte aus ihrem Korb Käse aus und Brot und einen gebratenen Fisch, und sie bog den Peitschenstock mit beiden Händen zusammen und sah zu, wie Vittorio aß.

Während Vittorio aß, blickte er aufs Plateau hinab, zur Veranda von Don Poddus Haus, und er sah, daß auch die Karabinieri aßen, und mit ihnen Don Poddu.

»Du bist größer geworden«, sagte Vittorio zu dem Mädchen. »Du bist allerhand gewachsen in den letzten Jahren.«

Das Mädchen lachte und ließ den Stock vorschnellen, und es gab ein sausendes Geräusch.

»Als ich wegging«, sagte Vittorio, »warst du so groß wie meine Schwester. Es ist allerhand geworden aus dir in den letzten Jahren. Wie alt bist du?«

»Neunzehn«, sagte Maddalena.

Vittorio suchte im Korb nach der Weinflasche; er fand sie und entkorkte die Flasche und trank, und nachdem er getrunken hatte, legte er sie neben die Flinte und sagte: »Es ist gut, daß du gekommen bist, Maddalena. Es war höchste Zeit. Wirst du wiederkommen?«

»Ja«, sagte das Mädchen, »ja, ich werde wiederkommen. Sandro hat mich raufgeschickt. Er sagt, daß Don Poddu gestern nacht bereit war, dir für die Zeit in Mammone Geld zu geben. Aber heute morgen sind die Karabinieri gekommen. Er hat sie nachts holen lassen.«

»Unkraut vergeht nicht«, sagte Vittorio. »Wann wirst du wiederkommen?«

»Morgen«, sagte Maddalena.

»Kannst du nicht früher? Du könntest heute abend kommen.«

»Es ist nicht gut«, sagte das Mädchen, »es ist nicht gut, Vittorio, wenn ich heute abend komme. Die Karabinieri haben gesehen, daß ich das Flußbett raufging. Es ist nicht gut, wenn sie mich nochmal sehen. Ich bringe dir morgen einen neuen Korb. Ich werde weggehen, wenn es noch dunkel ist, und ich bin ganz früh hier oben.«

»Es ist kalt in der Nacht«, sagte Vittorio, »ich habe nur das leichte Flanellzeug, und das taugt nichts für die Nacht und die Berge. Wenn du heute wiederkämst, könntest du mir meine Stiefel bringen und die Jacke für die Nacht. Ich werde auf dich warten.«

Das Mädchen lachte und stand auf; sie nahm den leeren Korb auf und kletterte die zerrissene Böschung hinab ins Flußbett.

»Kommst du?« rief Vittorio, und das Mädchen legte den kurzen Peitschenstock in den Korb und ging über die weißen Kiesel davon. Vittorio blieb stehen und sah ihr nach; er dachte, daß sie sich umdrehen werde, aber sie verschwand hinter einer Biegung, ohne zurückgesehen zu haben. Vittorio nahm die Flinte und die Flasche und stieg ebenfalls in das Flußbett, er ging eine ganze Strecke hinauf, bis er vor einem Felsen stand, den der Fluß unten ausgewaschen hatte. Er zwängte sich auf dem Bauch durch die Öffnung und gelangte in eine Grotte; er war oft hier gewesen. Er fand die Ecke mit dem Gestrüpp; er zog das Gestrüpp zurecht und legte sich hin, und Vittorio schlief bis in den späten Nachmittag.

Als er die Grotte verließ, entdeckte er Maddalena. Sie saß bei den sieben Steinen, und vor ihr, auf der Erde, lagen Vittorios Stiefel und seine Jacke; sie war gekommen, und er lächelte, als er sie vor den Steinen sah.

»Du bist doch gekommen«, sagte er.

Sie tippte mit der Peitsche auf die Stiefel und auf die Jacke. »Ich habe lange gewartet«, sagte sie. »Ich müßte jetzt schon zurück sein, ich hab nicht viel Zeit.«

Vittorio zog seine Stiefel an und die Jacke und schnallte den Patronengurt über die Jacke, weil die Knöpfe fehlten. »Ich habe Zeit«, sagte er, »ich kann warten. Jetzt werde ich bis zum nächsten Mal warten, bis du wiederkommst. Ich warte gern auf dich, Maddalena. Es ist allerhand geworden aus dir in den letzten Jahren.«

»Es sind viele Karabinieri im Dorf«, sagte das Mädchen. »Sie sind mittags mit einem großen Auto gekommen. Ihr Auto steht auf dem Hof von Don Poddu. Sie sind gekommen, und Sandro hat mich raufgeschickt.«

Vittorio kletterte über das Geröll und legte sich vor den Steinen flach auf den Boden, und er sah fast zwanzig Karabinieri den Berg heraufkommen, weit auseinandergezogen; alle trugen Maschinenpistolen. Er hörte sein Herz gegen den Steinboden klopfen, als er so lag und ihnen entgegenblickte, und er schob sich langsam zurück; er stieg auf einen Felsen und sah das Flußbett hinunter, auch dort sah er Karabinieri: sie gingen aufrecht und langsam, sie warteten hinter keiner Biegung.

»Jetzt kommen sie«, sagte das Mädchen, »es sind viele.«

»Ja«, sagte er, »jetzt kommen sie. Es hat nicht lange gedauert.« Und er zog einige Patronen aus dem Gürtel und steckte sie lose in die Jackentasche.

»Du mußt hierbleiben«, sagte Vittorio. »Du darfst jetzt nicht fortgehen, Maddalena. Sie kommen von beiden Seiten den Berg herauf. Wenn sie dich treffen, wissen sie, daß du bei mir warst.«

»Es sind viele, Vittorio, sie werden den ganzen Berg absuchen und dich finden. Du hast gesehen, wie viele es sind.«

»Sie werden heraufkommen und wieder hinuntergehen«, sagte Vittorio, »und sie werden genausoviel sein wie beim Aufstieg. Aber du mußt hierbleiben, Maddalena, sie dürfen dich nicht sehen.«

Er brachte sie zu der Stelle hinauf, wo das Flußbett unter den Fels führte, und beide legten sich auf den Boden und zwängten sich durch den Eingang in die Grotte. Es war feucht und kalt in der Grotte; sie war nicht allzu geräumig, man konnte kaum aufrecht stehen in ihr, aber sie setzte sich weit in den Berg hinein fort, und zum Schluß wurde sie so eng, daß ein Mensch steckenblieb. Sie gingen nicht weit in die Grotte hinein, sie setzten sich auf das Gestrüpp, auf dem Vittorio geschlafen hatte und warteten. Vittorio hatte die Flinte auf den Knien und beobachtete den Eingang, und das Mädchen saß neben ihm, ihre Schulter berührte seine Schulter, sie saßen reglos wie Vögel zusammen, bis sie die Stiefel der Karabinieri auf den Kieseln des Flußbettes hörten. Vittorio erhob sich und ging leise zum Eingang und stellte sich seitwärts neben ihn, und Maddalena sah, daß er die Flinte umkehrte und den Lauf in die Hand nahm.

Sie erkannte, daß Vittorio lächelte, er lächelte schnell, unsicher, als ob er sich bei ihr entschuldigen wollte für das, was kommen könnte. Die Stiefel der Karabinieri tauchten vor dem Eingang auf, es waren weiche, geölte Stiefel, sie schoben sich jetzt zögernd über die flachen Kiesel des Flußbetts, als hätten sie ihr Ziel fast erreicht. Die Karabinieri kletterten die zerrissene Böschung hinauf und gingen um die sieben Steine herum und unterhielten sich, aber ihre Worte waren in der Grotte nicht zu verstehen. Allmählich entfernten sich ihre Stimmen, es entfernte sich der Hall ihrer Schritte, und nach einer Weile war nichts mehr von ihnen zu hören. Vittorio blieb immer noch neben dem Eingang stehen, er wartete darauf, daß die Karabinieri zurückkehrten und daß einer seinen Kopf durch den Spalt steckte, aber offenbar hatten sie einen anderen Weg genommen, denn der Abend kam, und ihre Schritte waren immer noch nicht zu hören.

Da beschloß Vittorio, selbst hinauszuklettern und nachzusehen, wo die Karabinieri geblieben waren; er trat vor die Öffnung und beugte seinen Kopf herab, aber im gleichen Augenblick trat er wieder zur Seite und machte Maddalena ein Zeichen, daß sie nicht allein waren hier oben.

Nach einer Weile hörten sie Schritte vor dem Eingang; ein Karabiniere kam auf sie zu, und dann sahen sie, daß er sich auf seine Hände herabließ; sie sahen einen einfachen silbernen Ring an einer Hand. Der Karabiniere legte sich hin und preßte die Maschinenpistole gegen die Brust. Sein Kopf erschien vor dem Eingang, schob sich langsam herein; es war ein schmächtiger, gutrasierter Junge, und als er seinen Oberkörper fast in der Grotte hatte, hieb ihm Vittorio den Kolben seiner Flinte ins Genick. Er traf ihn genau zwischen

Hals und Schulter, der Karabiniere schlug mit dem Gesicht auf die Steine und blieb liegen. Vittorio stellte seine Flinte gegen den Fels und zog den Karabiniere in die Grotte hinein, zog ihn bis zum Gestrüpp hinauf und drehte ihn auf den Rücken. Sein Gesicht blutete, aber es waren nur kleine Rißwunden, es war ihm nichts Schlimmes passiert, nichts, was ihn zeitlebens an den Kolbenhieb erinnern würde. Maddalena stand auf und holte die Maschinenpistole, die am Eingang liegengeblieben war; sie stellte sie in die Ecke, wo schon die Flinte stand, und kniete vor dem bewußtlosen Karabiniere und betrachtete sein Gesicht. Es war ein schmales, hübsches Gesicht mit einem dünnen, sauberen Bärtchen auf der Oberlippe, und sie wischte eine Blutspur ab und sagte:

»Es ist gut, daß du nicht geschossen hast, Vittorio. Aber er wird nicht lange so liegen. Er wird bald aufwachen, Vittorio, dann müssen wir fort sein. Wir können nicht hierbleiben.«

»Er ist der einzige, der hier oben war«, sagte Vittorio. »Sie haben ihn allein zurückgelassen und sind wieder ins Dorf gestiegen. Wir könnten hierbleiben. Aber es ist besser, wenn wir fortgehen, Maddalena. Es ist in jedem Fall besser. Wir werden auf die andere Seite des Berges gehen.«

Sie ließen den Karabiniere liegen und verließen die Grotte; sie wußten, daß er bald zu sich kommen würde, sie machten sich keine großen Sorgen um ihn. Sie ließen auch seine Maschinenpistole zurück und gingen wortlos auf die andere Seite des Berges; es war dunkel, als sie zu der kleinen, geschwärzten Hütte Zappis kamen, sie lag auf halbem Berg und war von trockenem, hüfthohem Gestrüpp umgeben. Es war eine Hirtenhütte. Sie fanden nichts als eine kalte Feuerstelle, die Hütte war lange nicht gebraucht worden, denn es hatte lange nicht geregnet.

»Jetzt werde ich gehen«, sagte Maddalena. »Ich werde jetzt ins Dorf gehen, und morgen früh werde ich wiederkommen. Ich werde den Korb bei der alten Pinie hinstellen. Dort wird er stehen, wenn du kommst. Du wirst ihn dort immer finden, Vittorio.«

»Ich werde den Korb finden«, sagte Vittorio, »aber ich werde dich nicht finden.«

»Es ist wichtiger, daß du den Korb findest«, sagte Maddalena.

»Nein«, sagte Vittorio, »das ist nicht wichtiger. Warum bleibst du nicht hier? Du kannst in der Hütte schlafen, Maddalena, ich bleibe draußen. Es ist gut für mich, wenn du hierbleibst. Manchmal will man etwas sagen, und da ist es gut, wenn jemand da ist, der zuhört. Es gibt nichts Schlimmeres, Maddalena, als wenn man etwas sagen möchte, und es ist keiner da, der zuhört. Ein Mann muß von Zeit zu Zeit etwas sagen.« Das Mädchen lachte und stieß mit der Spitze der Peitsche gegen den lockeren Mörtel der Hüttenwand.

»Wenn ich hierbleibe«, sagte sie, »wird niemand den Korb bringen morgen früh. Sandro wird auf mich warten, und die anderen werden auch warten, Vittorio, weil sie mich fragen wollen, was du tust.« Sie standen auf dem freien Platz vor der Hütte, wo das Gestrüpp niedergetreten war, sie standen einander gegenüber und sahen sich an, und dann ging Maddalena zu ihm und küßte ihn.

»Du wirst den Korb an der Pinie finden«, sagte sie. »Du wirst ihn da jeden Tag finden, Vittorio, und ich werde auch da sein. Und wenn ich an einem Tag nicht da sein werde, wirst du mich am anderen Tag finden, aber du darfst nicht schießen, Vittorio. Wenn du schießt, wird es schwer sein.«

»Wirst du morgen kommen?« fragte Vittorio.

»Ja«, sagte Maddalena, »ich werde morgen kommen«, und sie drehte sich um und ging den schmalen Weg hinab, der durch das Gestrüpp und zum Flußbett führte. Vittorio sah ihr nach, bis sie in der Dunkelheit verschwunden war; dann suchte er sich außerhalb der Hütte einen Platz und legte sich hin und dachte an das Mädchen.

Die Hitze des Tages saß noch im Boden, es war eine warme Nacht. Vittorio konnte nicht einschlafen, und er blickte hinauf in die Dunkelheit und dachte an Maddalena, die jetzt das Flußbett hinabging, und daß er sie morgen finden würde und an vielen Tagen.

Und Maddalena kam und brachte den Korb zur Pinie, sie kam an vielen Tagen; sie war jeden Morgen da, wenn die Sonne über die Berge ging, und sie saßen auf dem toten, verbrannten Gestrüpp und sahen zum Plateau hinab, auf dem das Dorf lag. Es war nicht so gut zu erkennen wie von den sieben Steinen, aber sie sahen die weiße Kirche und Don Poddus Haus, und im Schatten der Zedern das Auto der Karabinieri. Maddalena wußte oft, welchen Berg die Karabinieri sich vorgenommen hatten, Sandro vergaß Vittorio nicht, und Vittorio sah sie immer schon von weitem den Paß heraufkommen und hatte viel Zeit.

Aber eines Tages kam Maddalena zur Pinie und erzählte, daß sie Don Poddu wieder über die Veranda getragen hätten, diesmal tot und mit einem Schuß in der Brust, und sie wußte auch, daß der Schuß ihn niedergeworfen hatte, als er über den Hof ging, und trotzdem wußte niemand, woher der Schuß gekommen war. Die Leute im Dorf sagten, daß Vittorio den Schuß abgefeuert habe, und die Karabinieri glaubten das auch und hatten noch zwanzig Männer kommen lassen für die Jagd auf Vittorio.

»Ich habe nicht geschossen«, sagte Vittorio. »Ich bin nicht zurückgekommen, um Don Poddu zu töten. Du weißt, daß ich deswegen nicht zurückgekommen bin, Maddalena. Ich habe Sandros Flinte, und die ist nur gut für Schrot.«

»Don Poddu wurde mit Schrot getötet«, sagte Maddalena, »einige haben es gesehen.«

»Ich habe alle Patronen, die Sandro mir gab«, sagte Vittorio. »Es fehlt nicht eine Patrone. Du weißt, Maddalena, daß ich Don Poddu nicht getötet habe. Niemand weiß, wer es war, ich habe es nicht getan.«

»Es sind wieder neue Karabinieri gekommen«, sagte Maddalena. »Fast zwanzig neue sind da, und sie werden dich diesmal finden. Sandro sagt, daß sie eine Prämie ausgesetzt haben auf dich. Sie wollen fünfhunderttausend Lire bezahlen. Wer dich fängt oder tötet, bekommt fünfhunderttausend Lire.«

Vittorio lachte und sagte: »Das ist viel Geld, Maddalena, eine Menge Geld. Wenn du mich ablieferst, geben sie dir fünfhunderttausend Lire. So viel hat keiner im ganzen Dorf, seit Don Poddu tot ist. Du könntest viel anfangen mit dem Geld, Maddalena. Willst du mich nicht abliefern?«

Maddalena drückte ihm die Spitze des Peitschenstocks gegen den Hals, sie sah ihn herausfordernd an und lachte, und nach einer Weile sagte sie: »Du bist teuer geworden, Vittorio. Du bist in der letzten Zeit sehr im Preis gestiegen. Wir könnten das Geld gut gebrauchen. Wir könnten eine Menge kaufen mit dem Geld, wenn sie dich wieder freilassen und du zurückkommst.«

Am Nachmittag kam eine breite Kette von Karabinieri den Berg herauf; sie gingen genau in die Richtung, in der Vittorios Versteck lag, sie gingen in kurzen Abständen von Mann zu Mann, mit entsicherten Maschinenpistolen, und Vittorio sah, daß sie diesmal nicht an ihm vorbeilaufen würden. Er lief geduckt vor ihnen her; sie waren noch weit entfernt, sie hatten ihn noch nicht entdeckt, er bewegte sich in kurzen Sprüngen durch das trockene Gestrüpp, und er stürzte, und dabei wurde ihm die Haut aufgerissen. Die Karabinieri trieben ihn unweigerlich den Berg hinauf, Vittorio konnte ihnen diesmal nicht ausweichen; diesmal jagten sie ihn die nackten Felsen hinauf, wo es wenig gute Verstecke gab; da oben hatte man keine Bewegungsfreiheit.

Es war Abend, als er oben war, aber seine Verfolger kehrten nicht um, sie wollten noch den Berg erreichen und trieben Vittorio auf der andern Seite hinab, auf das Dorf zu. Er mußte, wenn er durchkommen wollte, zum Paß hinunter und dann ins Dorf, es gab keine andere Möglichkeit. Und er sah die Karabinieri näher kommen und machte sich an den Abstieg. Er riß Geröll herab, als er abstieg; nachrutschendes Geröll zwang ihn zu Sprüngen und langen Schritten, er war froh, daß er die Stiefel anhatte. Er sprang über die geteerte Straße und verbarg sich hinter den Opuntien und lauschte. Er war weit genug entfernt von Don Poddus Haus, es lag am Rande des Plateaus, ganz für sich. Vittorio ging zwischen den Opuntien weiter, bis er hinter der Hütte von Maddalena stand, und als er gegen das Fenster klopfte, war es dunkel, und es regnete. Es war ein schwerer, gewitterartiger Regen, und Vittorio hörte, wie er auf die Teerstraße klatschte und gegen die Opuntien. Für einen Augenblick wurde das Fenster aufgestoßen, das Gesicht einer alten Frau erschien, ein flaches, großes Gesicht, ohne Bewegung, und dann schloß die Frau das Fenster und winkte Vittorio von der Tür. Sie zog ihn in ein dunkles Zimmer und ging stumm hinaus. Vittorio wartete auf sie, aber sie kehrte nicht zurück. Er trat an das kleine Fenster heran, er wollte sich an die Wand lehnen und hinaussehen, aber unmittelbar unter dem Fenster saß jemand, und Vittorio spürte, wie sich etwas in seinen Rücken bohrte. Er wußte, daß es der Peitschenstock von Maddalena war, er wußte, daß sie es war, die unter dem Fenster saß, und er sagte:

»Ich wollte nicht kommen, Maddalena, ich wäre nicht gekommen, wenn sie mich nicht auf den Berg getrieben hätten.

Ich mußte zu dir kommen, weil unsere Hütte zu nah an Don Poddus Haus liegt. Wenn der Regen vorbei ist, gehe ich wieder. Ich werde nicht lange hierbleiben.«

»Setz dich hin«, sagte Maddalena. Sie zog ihn neben sich herab auf eine niedrige Bank, sie ließ die Peitsche fallen und legte ihm einen Arm um den Hals, und sie saßen schweigend in der Dunkelheit unter dem Fenster. Dann dachte er an Maddalenas Mutter, und daß sie ihm wortlos die Tür geöffnet und ihn wortlos zu dem Mädchen gebracht hatte, und er sagte:

»Deine Mutter hat mich gleich erkannt, Maddalena. Sie wußte gleich, wer ich war, als ich vor dem Fenster stand. Sie hat mich gleich zu dir gebracht.«

»Ja«, sagte Maddalena.

»Ich weiß auch, warum sie kein Wort gesagt hat. Ich kann es mir gut denken, Maddalena. Sie erkannte mich sofort, aber sie hat kein Wort gesagt. Sie hätte mir sonst vielleicht Milchkaffee gebracht, Maddalena, aber heute kommt sie nicht. Steh auf, komm, wir gehen.«

»Du kannst jetzt nicht fortgehen«, sagte Maddalena. »Es regnet, und du hast noch Zeit. Du kannst den Regen hier abwarten.«

»Wir gehen jetzt«, sagte Vittorio. »Es ist gut, daß es regnet. Du wirst dir etwas überziehen, und wir gehen jetzt. Vielleicht werden wir noch einmal zurückkommen.«

Vittorio zog das Mädchen hoch, er nahm seine Flinte und ging zur Tür und wartete, bis Maddalena die Windjacke angezogen hatte; und als er sah, daß sie fertig war, ging er ihr voraus über den Gang und öffnete die Tür. Er hielt die Flinte dicht an seinem Körper, mit dem Lauf nach unten; er hatte sie geladen und einige Patronen lose in die Tasche gesteckt, und er ging geduckt zwischen den Opuntien. Aber er schlug nicht die Richtung zum Paß ein, er ging an den unerleuchteten Hütten vorbei, er ging langsam bis zum Platz, auf den der Regen niederging, und Maddalena folgte ihm. Der Regen verwandelte den Staub des Kirchenplatzes in Schlamm, und sie liefen durch den Schlamm und kamen unbemerkt über den Platz. Vittorio ging bis zu dem kleinen Kirchenanbau, in dem der Priester wohnte; er klopfte schnell gegen die Tür, lauschte, klopfte noch einmal, und nach einer Weile kam der Priester herunter, ein mürrischer, athletischer Mann. Er trug ein kragenloses Hemd, das über der Brust offenstand, hielt mit einer Hand seine Hose zusammen: er hatte schon geschlafen. Er erkannte Maddalena zuerst und wollte etwas sagen, aber Vittorio schob ihn mit seiner Flinte in den Flur zurück und winkte Maddalena, auch in den Flur zu kommen, und als oben auf der Treppe die Wirtschafterin des Priesters auftauchte und rief »Wer ist da?«, sagte Vittorio: »Freunde.«

Sie gingen in das Arbeitszimmer des Priesters, verdunkelten die Fenster, zündeten eine Petroleumlampe an, und dann saßen sie einander ruhig und beobachtend gegenüber, bis der Priester Vittorio erkannte. Er sagte: »Vittorio, warum kommt ihr mitten in der Nacht zu mir. Ihr hättet doch auch morgen kommen können.«

»Wir wollen heiraten«, sagte Vittorio, »wir sind gekommen, damit du uns traust, Vater. Wir haben wenig Zeit.«

»Um diese Zeit«, sagte der Priester, »ist noch keiner gekommen, um zu heiraten. Und ich habe auch noch nie erlebt, daß jemand die Flinte mitbrachte zu seiner Hochzeit. Wie ich sehe, ist sie sogar geladen.«

»Gut«, sagte Vittorio, »die Flinte kann ich für die Zeit auf den Stuhl legen. Da holt sie wohl keiner weg in dem Augenblick, wo wir drüben sind. Und was morgen betrifft, Vater, morgen muß ich längst wieder drüben sein. Ich habe keine Zeit, morgen wiederzukommen. Das weißt du, Vater.«

»Ja«, sagte der Priester, »ja, Vittorio, ich weiß es. Aber mit diesen Füßen laß ich euch nicht rein in die Kirche, macht euch erst sauber auf dem Flur; in der Zwischenzeit werde ich mich anziehen . . .«

»Wirst du uns trauen?« fragte Vittorio.

»Es bleibt mir nichts anderes übrig«, sagte der Priester; er stand auf, sein Schatten bedeckte fast die ganze Wand. Vittorio ließ seine Flinte auf dem Stuhl liegen; er ging mit Maddalena über eine Lehmtreppe in die düstere Kirche, und der Priester traute sie dort.

Dann kamen sie wieder zurück in das Arbeitszimmer, wo immer noch die Petroleumlampe brannte, der Priester hatte sie nicht gelöscht. Er bot ihnen an, noch einen Augenblick bei ihm zu bleiben, er wollte mit ihnen Milchkaffee trinken, aber Vittorio nahm seine Flinte und sagte, daß er keine Zeit habe, er müsse fort. Und sie gingen durch die Opuntien zurück zu der Hütte; sie wollten den Milchkaffee mit Maddalenas Mutter trinken, und als sie die Hütte betraten, stand Maddalenas Mutter im Flur und sagte: »Ich habe uns Kaffee gemacht.«

Sie setzten sich auf die niedrige Bank unter dem Fenster und tranken aus großen Schalen Milchkaffee; Maddalena holte eine Zigarre, sie hockten zu dritt zusammen und redeten. Bis kurz vor dem Morgengrauen redeten sie; dann stand Vittorio auf und sagte: »Du brauchst nicht allen zu erzählen, daß wir geheiratet haben. Vielleicht solltest du es nicht so rumerzählen. Manchmal ist es ganz gut, wenn die Leute nicht alles wissen.« Er verabschiedete sich und war bei Sonnenaufgang in den Bergen.

Es regnete nicht mehr, aber das Gestrüpp war noch naß, und in der Mitte des Flußbettes kam das Wasser drängend und schnell von den Bergen herunter; es floß nur bis Mittag, dann war das Flußbett wieder weiß, leer und mit leuchtenden Kieseln bedeckt.

Vittorio war jeden Morgen bei der alten Pinie, wo er den Korb fand, und im Korb waren bessere Sachen als früher: der Wein war besser und der Käse, es gab mehr Brot und mitunter Fleisch. Er fand auch Maddalena da, seine Frau, und sie erzählte ihm, was er wissen mußte; sie erzählte ihm, daß es den Karabinieri langweilig wurde unten im Dorf und daß sie versuchten, sich die Zeit zu verkürzen. Sie hatten die Prämie erhöht; sie wollten jetzt dem eine Million Lire zahlen, der ihnen Vittorio ablieferte; mit ihrem Geld, dachten sie, würden sie schaffen, was sie selbst nicht schaffen konnten. Maddalena wußte alles, wenn sie den Korb brachte.

Doch an einem Morgen fand sie den Korb unberührt; die Sachen, die sie eingepackt hatte, steckten noch drin, die Flasche und das Brot, alles. Vittorio war nicht heruntergekommen zur Pinie, und sie wartete lange, aber sie sah ihn nirgends auftauchen, er blieb weg an diesem Morgen. Sie tauschte die Sachen im Korb aus und ging den Weg zurück. Aber am nächsten Tag war der Korb auch nicht angerührt, und an den folgenden beiden Tagen auch nicht, und Maddalena überlegte und ging dann hinauf, um Vittorio zu suchen.

Sie ging zuerst zu Zappis Hütte hinauf, aber hier fand sie ihn nicht; sie untersuchte seine Verstecke im Gestrüpp, die er ihr alle beschrieben hatte, sie ging das Flußbett ab, aber auch da konnte sie ihn nicht entdecken, und zuletzt blieb nur noch die Grotte, wo sie sich mit ihm vor den Karabinieri verborgen hatte.

Sie zwängte sich in die Grotte hinein, und da fand sie ihn: er lag auf dem Gestrüpp, seine Flinte lag neben ihm. Er sah sie mit ausdruckslosem Gesicht rankommen und rührte sich nicht. Maddalena kniete sich neben ihn hin, nahm seine Hand und fuhr ihm über die schweißglänzende Stirn und redete auf ihn ein, aber Vittorio sah sie mit abweisendem Blick an und sagte nichts. Er stöhnte, als Maddalena ihn aufzuheben versuchte, um ihn mit dem Rücken gegen die Wand zu setzen; er schüttelte den Kopf. Das Mädchen wollte ihm etwas Wein zu trinken geben, aber Vittorio wehrte mit den Augen ab, und da wußte Maddalena, daß sie ihn hier niemals gesund bekommen würde: hier oben konnte sie ihm nicht helfen, vielleicht konnte sie ihm überhaupt nicht helfen, vielleicht mußte er zum Arzt und in ein Krankenhaus.

Maddalena stellte alles, was sie bei sich hatte, neben Vittorio hin; sie küßte ihn und verließ die Grotte, und dann lief sie das Flußbett hinab. Als sie die Straße erreicht hatte, sah sie zu Don Poddus Haus hinüber; sie sah die Karabinieri auf der Veranda sitzen, und sie ging langsamer jetzt und zögernd. Sie ging am Haus nicht vorbei; sie stieg die Treppen zu der Veranda hinauf, und die Karabinieri lachten, und einer kam näher und fragte: »Was bringst du uns, Maddalena?«

»Vittorio!« sagte sie.

Maddalena ging zum Kommandanten, und der Kommandant gab ihr eine Bescheinigung, daß sie das erste Anrecht hätte auf die Prämie; Maddalena verwahrte die Bescheinigung, dann ging sie mit fünf Karabinieri hinauf zu der Grotte, in der sie Vittorio gefunden hatte. Sie blieb draußen stehen; zwei Karabinieri zwängten sich in die Grotte hinein, und als Vittorio sie sah, hob er die Flinte und richtete den bläulichen Lauf auf seine Brust. Aber die Karabinieri waren schneller bei ihm; sie rissen ihm die Flinte aus der Hand, sie fesselten ihn, obwohl er stöhnte, und sie trugen ihn zum Eingang und schleiften ihn über die Kiesel ins Freie. Und als sie ihn auf die Beine setzten, traf sein Blick Maddalena; sein Blick ging gleichgültig und ohne Erstaunen über sie hinweg, als ob er sie nie gesehen habe und als ob sie nicht seine Frau sei. Aber Maddalena spürte, daß in diesem Blick alle Verachtung der

Welt lag. Die Karabinieri trieben ihn hinunter zu Don Poddus Haus; keiner trug ihn, obwohl er unterwegs mehrmals zusammenbrach. Wenn er zusammenbrach, warteten sie und rauchten, und schließlich rissen sie ihn hoch. Sie brachten ihn hinab in das kleine Gefängnis, in einen heißen, gelb getünchten Raum, und Vittorio legte sich auf die Pritsche und sagte kein Wort. Sie brachten ihm zu essen, aber er aß nicht, er blieb auf der Pritsche liegen, sie konnten mit ihm tun, was sie wollten: er aß und antwortete nicht. Da holten die Karabinieri einen Arzt aus Nuoro, sie fuhren mit dem Auto hinüber, um den Arzt zu holen, und er kam und operierte Vittorio.

Vittorio war mager geworden, die Krankheit hatte ihm zugesetzt, aber der Arzt bekam ihn gesund, er brachte ihn wieder auf die Beine, und Vittorio aß und redete wieder.

Der Posten der Karabinieri kam zu ihm und sagte:

»Du hast Besuch. Da ist jemand, der möchte dich sprechen.«

»Nein«, sagte Vittorio.

»Es ist deine Frau«, sagte der Posten. »Sie ist schon zwanzigmal hier gewesen, um dich zu sprechen. Ich habe nichts dagegen, wenn sie mit dir redet.«

»Ich möchte keinen sehen«, sagte Vittorio.

»Na«, sagte der Posten, »mit deiner Frau könntest du wohl reden. Das bist du ihr schuldig. Das solltest du wohl tun.«

Vittorio schwieg und starrte an die Decke, er lag ausgestreckt da und sagte nichts, und der Posten wußte, daß es keinen Zweck hatte, weiter mit ihm zu reden. Er ging auf den Gang hinaus, wo Maddalena wartete und Sandro und noch einige andere, die alle mit ihm reden wollten, und er sagte zu ihnen: »Nichts! Er will euch nicht sehen. Er will euch nicht sehen und nicht sprechen.« Der Posten lachte, und Maddalena und Sandro und die anderen verließen das Gefängnis und gingen nach Hause, um am nächsten Tag wiederzukommen und dieselbe Antwort zu erhalten: Vittorio wollte keinen sehen und keinen sprechen.

Er lag den ganzen Tag in der schmalen, heißen Zelle, lag bewegungslos da und starrte zur Decke. Er lag all die Wochen da, bis sein Prozeß begann, und ein paar Tage, bevor sie ihn holten, kam einer zu ihm, kam herein in die Zelle und war ganz allein mit ihm. Er nahm Vittorios Hand und drückte sie, und dann angelte er sich einen Hocker und setzte sich zu Vittorio an die Pritsche. Er sah eine ganze Weile auf Vittorio herab, dann sagte er: »Hör zu, Vittorio, wenn du mir genau zuhörst, bring ich dich hier raus. Ich bin dein Verteidiger und heiße Pietro Feola. Ich weiß nicht, ob du meinen Namen schon gehört hast, wenn nicht, ist es auch nicht schlimm. Aber du kannst sicher sein, daß ich dich hier rausbringe.«

»Laß mich allein«, sagte Vittorio, »geh raus und laß mich allein.«

»Sei nicht eigensinnig«, sagte Pietro, »zu mir kannst du Vertrauen haben. Ich habe ganz andere Leute rausgeholt. Du kannst bestimmt zu mir Vertrauen haben, das erleichtert die Sache.«

»Wer hat dich geschickt?« fragte Vittorio.

»Deine Frau«, sagte Pietro. »Du brauchst dir keine Sorgen zu machen wegen des Geldes. Sie hat mir schon die Hälfte bezahlt. Ich bin nicht umsonst aus Cagliari rübergekommen, Vittorio, das kannst du mir glauben. Wenn ich abfahre, bist du raus hier, sie werden dich nicht verurteilen, weil sie keine Beweise haben und weil du unschuldig bist. Ich glaube, daß du unschuldig bist, Vittorio, und das genügt.«

»Hör zu«, sagte Vittorio. »Wenn du jetzt nicht verschwindest, dann passiert etwas. Ich habe mich gut ausgeruht hier drin. Ich will dich jetzt nicht mehr sehen. Maddalena hat kein Geld, sie kann dir kein Geld gegeben haben.«

»Du hättest mit ihr reden sollen«, sagte Pietro. »Das hättest du tun können. Dann wüßtest du, daß Maddalena die Prämie bekommen hat. Man hat ihr eine Million Lire gegeben, weil sie dich abgeliefert hat, und Maddalena hat mir fünfhunderttausend Lire bezahlt, genau die Hälfte.«

»Geh jetzt«, sagte Vittorio, »ich will nichts wissen von diesem Geld, woher sie es hat, ich will nichts davon hören.«

»Na«, sagte Pietro, »beruhige dich nur. Wir haben ja noch Zeit. Schlaf mal eine Nacht, und morgen komme ich wieder. Du wirst es dir schon überlegen. Aber eines sage ich dir, Vittorio, du kannst eigensinnig sein, du kannst dich noch so anstellen, ich gebe nicht auf, hörst du. Ich habe schon ganz andere Leute rausgeholt als dich, und ich gebe nicht nach. Und wenn du mir nicht glaubst, dann rate ich dir, nachzufragen, wer ich bin. Die wissen es alle. Und jetzt bleib ruhig und versuche nicht, auf mich loszugehen. Ich stamme auch aus der Barbagia, und ich hab auch was drin in den Handschuhen.« Pietro schob den Hocker in eine Ecke und ging hinaus.

Vittorio sah ihm nicht nach, als er hinausging, er lag ausgestreckt da und sah zur Decke. Er lag auch an den nächsten Tagen so da, als sein Verteidiger wiederkam und mit ihm zu reden versuchte: er änderte sich nicht.

Der Posten, der vor seiner Zelle stand, hatte das eine ganze Zeit beobachtet, und kurz bevor sie Vittorio zur Verhandlung holten, sagte er: »Du hast Glück. Du hast viel mehr Glück, als du verdienst. Den besten Verteidiger von der Insel hat dir deine Frau hergeholt. So eine Frau findest du nicht noch einmal.« Vittorio schwieg, er schwieg auch während des ganzen Prozesses. Er saß teilnahmslos auf seinem Stuhl und wandte nur den Kopf, wenn Pietro, sein Verteidiger, seinen Namen nannte. Sie waren alle zu Vittorios Prozeß gekommen, Maddalena und ihre Mutter und Sandro und alle die andern, die ihm das Essen raufgeschickt hatten, als er in den Bergen lebte. Sie saßen aufmerksam auf den Bänken und sahen zu ihm hinüber; sie hatten sich etwas zu essen mitgebracht, und in den Pausen aßen sie schweigend, und wenn die Verhandlung wieder begann, saßen sie wieder auf ihren Plätzen und ließen sich kein Wort entgehen.

Und Pietro bewies, daß Vittorio unschuldig nach Mammone verurteilt worden war und daß der Schuß auf Don Poddu nicht aus seiner Flinte abgefeuert wurde. Er war ein Redner, wie ihn noch niemand im Dorf erlebt hatte, und sie schlossen die Augen, um ihm zuzuhören. Es gelang ihm schließlich, Vittorio rauszuholen, und er wurde noch im Gerichtssaal in Freiheit gesetzt.

Als Vittorio die Holztreppe herabkam, erhoben sich alle, alle standen von den Bänken auf, als er, ohne ein Wort zu sagen, herabkam und langsam an den ersten vorbeiging. Seine Schritte hallten auf den Steinplatten, und er ging an den Leuten vorbei. Er ging bis zum Mittelgang, und vor der Bank, auf der Maddalena saß, blieb er stehen. Schweigend blickte er sie an, dann wandte er sich ab und ging allein hinaus.

Die Nacht im Hotel

Der Nachtportier strich mit seinen abgebissenen Fingerkuppen über eine Kladde, hob bedauernd die Schultern und drehte seinen Körper zur linken Seite, wobei sich der Stoff seiner Uniform gefährlich unter dem Arm spannte.

»Das ist die einzige Möglichkeit«, sagte er. »Zu so später Stunde werden Sie nirgendwo ein Einzelzimmer bekommen. Es steht Ihnen natürlich frei, in anderen Hotels nachzufragen. Aber ich kann Ihnen schon jetzt sagen, daß wir, wenn Sie ergebnislos zurückkommen, nicht mehr in der Lage sein werden, Ihnen zu dienen. Denn das freie Bett in dem Doppelzimmer, das Sie – ich weiß nicht aus welchen Gründen – nicht nehmen wollen, wird dann auch einen Müden gefunden haben.«

»Gut«, sagte Schwamm, »ich werde das Bett nehmen. Nur, wie Sie vielleicht verstehen werden, möchte ich wissen, mit wem ich das Zimmer zu teilen habe; nicht aus Vorsicht, gewiß nicht, denn ich habe nichts zu fürchten. Ist mein Partner – Leute, mit denen man eine Nacht verbringt, könnte man doch fast Partner nennen – schon da?«

»Ja, er ist da und schläft.«

»Er schläft«, wiederholte Schwamm, ließ sich die Anmeldeformulare geben, füllte sie aus und reichte sie dem Nachtportier zurück; dann ging er hinauf.

Unwillkürlich verlangsamte Schwamm, als er die Zimmertür mit der ihm genannten Zahl erblickte, seine Schritte, hielt den Atem an, in der Hoffnung, Geräusche, die der Fremde verursachen könnte, zu hören, und beugte sich dann zum Schlüsselloch hinab. Das Zimmer war dunkel. In diesem Augenblick hörte er jemanden die Treppe heraufkommen, und jetzt mußte er handeln. Er konnte fortgehen, selbstverständlich, und so tun, als ob er sich im Korridor geirrt habe. Eine andere Möglichkeit bestand darin, in das Zimmer zu treten, in welches er rechtmäßig eingewiesen worden war und in dessen einem Bett bereits ein Mann schlief.

Schwamm drückte die Klinke herab. Er schloß die Tür wieder und tastete mit flacher Hand nach dem Lichtschalter. Da hielt er plötzlich inne: neben ihm – und er schloß sofort, daß da die Betten stehen müßten – sagte jemand mit einer dunklen, aber auch energischen Stimme:

»Halt! Bitte machen Sie kein Licht. Sie würden mir einen Gefallen tun, wenn Sie das Zimmer dunkel ließen.«

»Haben Sie auf mich gewartet?« fragte Schwamm erschrocken; doch er erhielt keine Antwort. Statt dessen sagte der Fremde:

»Stolpern Sie nicht über meine Krücken, und seien Sie vorsichtig, daß Sie nicht über meinen Koffer fallen, der ungefähr in der Mitte des Zimmers steht. Ich werde Sie sicher zu Ihrem Bett dirigieren: Gehen Sie drei Schritte an der Wand entlang, und dann wenden Sie sich nach links, und wenn Sie wiederum drei Schritte getan haben, werden Sie den Bettpfosten berühren können.«

Schwamm gehorchte: er erreichte sein Bett, entkleidete sich und schlüpfte unter die Decke. Er hörte die Atemzüge des anderen und spürte, daß er vorerst nicht würde einschlafen können.

»Übrigens«, sagte er zögernd nach einer Weile, »mein Name ist Schwamm.«

»So«, sagte der andere.

»Ja.«

»Sind Sie zu einem Kongreß hierhergekommen?«

»Nein. Und Sie?«

»Nein.«

»Geschäftlich?«

»Nein, das kann man nicht sagen.«

»Wahrscheinlich habe ich den merkwürdigsten Grund, den je ein Mensch hatte, um in die Stadt zu fahren«, sagte Schwamm. Auf dem nahen Bahnhof rangierte ein Zug. Die Erde zitterte, und die Betten, in denen die Männer lagen, vibrierten.

»Wollen Sie in der Stadt Selbstmord begehen?« fragte der andere.

»Nein«, sagte Schwamm, »sehe ich so aus?«

»Ich weiß nicht, wie Sie aussehen«, sagte der andere, »es ist dunkel.«

Schwamm erklärte mit banger Fröhlichkeit in der Stimme:

»Gott bewahre, nein. Ich habe einen Sohn, Herr . . . (der andere nannte nicht seinen Namen), einen kleinen Lausejungen, und seinetwegen bin ich hierhergefahren.«

»Ist er im Krankenhaus?«

»Wieso denn? Er ist gesund, ein wenig bleich zwar, das mag sein, aber sonst sehr gesund. Ich wollte Ihnen sagen, warum ich hier bin, hier bei Ihnen, in diesem Zimmer. Wie ich schon sagte, hängt das mit meinem Jungen zusammen. Er ist äußerst sensibel, mimosenhaft, er reagiert bereits, wenn ein Schatten auf ihn fällt.«

»Also ist er doch im Krankenhaus.«

»Nein«, rief Schwamm, »ich sagte schon, daß er gesund ist, in jeder Hinsicht. Aber er ist gefährdet, dieser kleine Bengel hat eine Glasseele, und darum ist er bedroht.«

»Warum begeht er nicht Selbstmord?« fragte der andere.

»Aber hören Sie, ein Kind wie er, ungereift, in solch einem Alter! Warum sagen Sie das? Nein, mein Junge ist aus folgendem Grunde gefährdet: Jeden Morgen, wenn er zur Schule geht – er geht übrigens immer allein dorthin – jeden Morgen muß er vor einer Schranke stehen bleiben und warten, bis der Frühzug vorbei ist. Er steht dann da, der kleine Kerl, und winkt, winkt heftig und freundlich und verzweifelt.«

»Ja und?«

»Dann«, sagte Schwamm, »dann geht er in die Schule, und wenn er nach Hause kommt, ist er verstört und benommen, und manchmal heult er auch. Er ist nicht imstande, seine Schularbeiten zu machen, er mag nicht spielen und nicht sprechen: das geht nun schon seit Monaten so, jeden lieben Tag. Der Junge geht mir kaputt dabei!«

»Was veranlaßt ihn denn zu solchem Verhalten?«

»Sehen Sie«, sagte Schwamm, »das ist merkwürdig: Der Junge winkt, und – wie er traurig sieht – es winkt ihm keiner der Reisenden zurück. Und das nimmt er sich so zu Herzen, daß wir – meine Frau und ich – die größten Befürchtungen haben. Er winkt, und keiner winkt zurück; man kann die Reisenden natürlich nicht dazu zwingen, und es wäre absurd und lächerlich, eine diesbezügliche Vorschrift zu erlassen, aber . . .«

»Und Sie, Herr Schwamm, wollen nun das Elend Ihres Jungen aufsaugen, indem Sie morgen den Frühzug nehmen, um dem Kleinen zu winken?«

»Ja«, sagte Schwamm, »ja.«

»Mich«, sagte der Fremde, »gehen Kinder nichts an. Ich

hasse sie und weiche ihnen aus, denn ihretwegen habe ich – wenn man's genau nimmt – meine Frau verloren. Sie starb bei der ersten Geburt.«

»Das tut mir leid«, sagte Schwamm und stützte sich im Bett auf. Eine angenehme Wärme floß durch seinen Körper; er spürte, daß er jetzt würde einschlafen können.

Der andere fragte: »Sie fahren nach Kurzbach, nicht wahr?«

»Ja.«

»Und Ihnen kommen keine Bedenken bei Ihrem Vorhaben? Offener gesagt: Sie schämen sich nicht, Ihren Jungen zu betrügen? Denn, was Sie vorhaben, Sie müssen es zugeben, ist doch ein glatter Betrug, eine Hintergehung.«

Schwamm sagte aufgebracht: »Was erlauben Sie sich, ich bitte Sie, wie kommen Sie dazu!« Er ließ sich fallen, zog die Decke über den Kopf, lag eine Weile überlegend da und schlief dann ein.

Als er am nächsten Morgen erwachte, stellte er fest, daß er allein im Zimmer war. Er blickte auf die Uhr und erschrak: bis zum Morgenzug blieben ihm noch fünf Minuten, es war ausgeschlossen, daß er ihn noch erreichte.

Am Nachmittag – er konnte es sich nicht leisten, noch eine Nacht in der Stadt zu bleiben – kam er niedergeschlagen und enttäuscht zu Hause an.

Sein Junge öffnete ihm die Tür, glücklich, außer sich vor Freude. Er warf sich ihm entgegen und hämmerte mit den Fäusten gegen seinen Schenkel und rief:

»Einer hat gewinkt, einer hat ganz lange gewinkt.«

»Mit einer Krücke?« fragte Schwamm.

»Ja, mit einem Stock. Und zuletzt hat er sein Taschentuch an den Stock gebunden und es so lange aus dem Fenster gehalten, bis ich es nicht mehr sehen konnte.«

Siegfried Lenz

Hoffmann und Campe

Deutsche Erzähler
im dtv

Alfred Andersch
Stefan Andres
Ingeborg Bachmann
Reinhard Baumgart
Horst Bienek
Horst Bingel
Johannes Bobrowski
Heinrich Böll
Hermann Broch
Heimito von Doderer
Alfred Döblin
Jürg Federspiel
Hans J. Fröhlich
Günter Bruno Fuchs
Rudolf Hagelstange
Peter Handke
Ernst Herhaus
Hermann Hesse
Ödön v. Horváth
Hermann Kant
Marie Luise Kaschnitz
Hermann Kesten
Günter Kunert
Siegfried Lenz
Renate Rasp
Franziska zu Reventlow
Hans Werner Richter
Wolfdietrich Schnurre
Günter Seuren
Gerhard Zwerenz

Alfred Andersch:
Die Rote
Roman

Siegfried Lenz:
Das Feuerschiff
Erzählungen

Heinrich Böll:
Ansichten
eines Clowns
Roman

Hans Werner Richter:
Die Geschlagenen
Roman

Allgemeine Reihe dtv

Moderne Literatur in Texten und Dokumenten

Jerzy Andrzejewski
Guillaume Apollinaire
Isaak Babel
Ingeborg Bachmann
Georges Bataille
Horst Bienek
Heinrich Böll
Jorge Luis Borges
Michel Butor
Jean Cayrol
Blaise Cendrars
Jean Cocteau
René de Obaldia
Jürg Federspiel
Witold Gombrowicz
James Leo Herlihy
Hans Henny Jahnn
James Joyce
Marie-Luise Kaschnitz
Jerzy Kawalerowicz
Gertrud Kolmar
Karl Kraus
Else Lasker-Schüler
Jean-Marie G. Le Clézio
Edgar Lee Masters
Saint-John Perse
Nathalie Sarraute
Nelly Sachs
Wolfdietrich Schnurre
Paul Scheerbart
Günter Seuren
Ramón del Valle-Inclán
Peter Weiss

Sieghart Ott:
Kunst und Staat
Der Künstler zwischen
Freiheit und Zensur

sonderreihe dtv

Dorst/Zadek/Gehrke:
Rotmord
oder
I was a German

sonderreihe dtv

Proletarische
Kulturrevolution
in Sowjetrußland
(1917-1921)

sonderreihe dtv

Plädoyer für eine
neue Literatur
Mit Beiträgen von Nathalie Sarraute,
Michel Butor, Alain Robbe-Grillet

sonderreihe dtv

sonderreihe dtv

An langen Wochenenden zu lesen

**Selma Lagerlöf:
Nils Holgerssons
schönste Abenteuer mit
den Wildgänsen**

**William Saroyan:
Ich heiße Aram**

**Denis Ronald Sherman:
Das Tellereisen**

**Dichter erzählen Kindern
Geschichten von
36 modernen Autoren**

Selma Lagerlöf:
Nils Holgerssons
schönste Abenteuer

dtv

Denis Ronald
Sherman:
Das Tellereisen
Novelle

dtv

Dichter
erzählen Kindern

dtv

William Saroyan:
Ich heiße Aram

dtv

Allgemeine Reihe dtv

dtv

Balladen, Schüttelreime, Epigramme

Himmlisch war's, wenn ich bezwang
Meine sündige Begier;
Aber wenn's mir nicht gelang,
Hatt' ich doch ein groß Pläsier.
(Epigramm von Heinrich Heine)

**François Villon:
Die lasterhaften Balladen
und Lieder. Nachdichtung
von Paul Zech**

**Fritz Graßhoff:
Die große Halunken-
postille**

**Fritz Graßhoff:
Die klassische
Halunkenpostille**

**Christian Morgenstern:
Palmström. Palma Kunkel**

**Christian Morgenstern:
Galgenlieder.
Der Gingganz**

**Die schönsten
Schüttelgedichte**

**Deutsche Epigramme
aus fünf Jahrhunderten**

Christian
Morgenstern:
Palmström
Palma Kunkel

dtv

Die lasterhaften
Balladen und Lieder
des François Villon
Nachdichtung:
Paul Zech

dtv

Fritz Graßhoff:
Die klassische
Halunkenpostille

dtv

Die schönsten
Schüttelgedichte

dtv

Allgemeine Reihe dtv

dtv

Mensch und Tier

Konrad Lorenz:
**Er redete mit dem Vieh,
den Vögeln und den
Fischen**

Konrad Lorenz:
**So kam der Mensch auf
den Hund**

Konrad Lorenz:
**Vom Weltbild des
Verhaltensforschers**

**Mensch und Tier
Mit Beiträgen von
Autrum, Frisch,
Grzimek, Lorenz u. a.**

Otto Koenig:
**Kultur und Verhaltens-
forschung
Mit einem Vorwort von
Konrad Lorenz**

Antony Alpers:
**Delphine. Wunderkinder
des Meeres**

Allgemeine Reihe dtv

Es darf gelacht werden

Karl Valentin:
**Die Raubritter vor
München
Szenen und Dialoge**

**H. Spoerl:
Der Maulkorb
Ein heiterer Roman**

**Carlo Manzoni:
Der tiefgekühlte
Mittelstürmer**

**Münchhausens wunder-
bare Reisen. Die phan-
tastischen Geschichten
des Lügenbarons
und seiner Nachfolger**

Allgemeine Reihe dtv